在博物馆里看中国历史

明　　　清　　　史

卞鹤——编著　　　马尔克斯文创——绘

北京理工大学出版社
BEIJING INSTITUTE OF TECHNOLOGY PRESS

U0577874

图书在版编目（CIP）数据

在博物馆里看中国历史 : 全 6 册 / 边庆祝等编著 ;
马尔克斯文创 , 童圆文化绘 . -- 北京 : 北京理工大学出
版社 , 2025. 4.
ISBN 978-7-5763-4934-4

Ⅰ . K209

中国国家版本馆 CIP 数据核字第 2025N20C43 号

责任编辑：李慧智　　**文案编辑**：李慧智
责任校对：王雅静　　**责任印制**：施胜娟

出版发行 / 北京理工大学出版社有限责任公司
社　　址 / 北京市丰台区四合庄路 6 号
邮　　编 / 100070
电　　话 /（010）68944451（大众售后服务热线）
　　　　　（010）68912824（大众售后服务热线）
网　　址 / http://www.bitpress.com.cn

版 印 次 / 2025 年 4 月第 1 版第 1 次印刷
印　　刷 / 武汉林瑞升包装科技有限公司
开　　本 / 889 mm × 1194 mm　1/16
印　　张 / 48
字　　数 / 720 千字
定　　价 / 299.00 元（全 6 册）

你们知道吗？大禹三过家门而不入，胸怀怎样的壮志与担当？诸葛亮未出茅庐便知天下三分，是何种睿智在他脑海闪耀？霍去病高呼"匈奴未灭，何以家为"，是何等的豪情壮志？历史，从来不是故纸堆里的陈旧记载，而是智慧的源泉，是灵魂的滋养。知历史，能让我们找到前行的坐标；明历史，有益于我们洞察人心的幽微；悟历史，可助我们拥有披荆斩棘的力量。历史就像一座蕴藏无尽宝藏的矿山，越深入挖掘，等待你的越有可能是珍稀的宝物。

博物馆就是那座与历史紧紧相连的桥梁，是岁月精心雕琢的宝库，承载着人类的辉煌与沧桑，以独一无二之姿态静立于尘世，等待世人揭开历史的神秘面纱。那古老的青铜鼎，斑驳的锈迹如同岁月的泪痕，神秘的纹路宛如古老的密码，诉说着祭祀的庄重、王朝的更迭。还有那色彩斑驳的壁画，犹如一部部生动的史书，尽显市井的热闹喧嚣、宫廷的奢华繁缛；人物的神情姿态、举手投足，尽显古代生活的千姿百态。那些古老的书卷，纸张虽已泛黄，却承载着历史的真相，甚至一个字就可能激活一段鲜为人知的历史。一件文物，一个事件，一则故事，或如激昂的战歌，或如悲壮的挽曲，或似温情的牧歌，或像残酷的警钟，交织成一幅五彩斑斓又深沉厚重的历史画卷。牧野之战的战火仿佛从未熄灭，楚汉英雄的智慧与勇气令人叹为观止，淝水之战以少胜多的辉煌展现出惊人的力量……那些为了信念、为了家国正义而慷慨赴死的将士们如同璀璨星辰，在历史的黑暗中闪耀着永不磨灭的光辉。

历史就是这样一面镜子，映照着人类的兴衰荣辱，也映照出人性的光辉与阴暗。从商纣王的酒池肉林导致王朝覆灭，到贞观之治的开明盛世成就繁荣昌盛，历史的教训与经验如洪钟大吕，振聋发聩。历史告诫我们，在困境中要坚守希望，在繁华中要保持清醒，骄奢淫逸是堕落的深渊，励精图治是兴盛的基石。

对于孩子们而言，博物馆里的文物和历史故事，是一扇扇通往神秘世界的大门，是

序

点燃他们好奇心与求知欲的火种。当孩子们站在这些古老的文物面前，心中会涌起对未知的渴望、对历史的敬畏。这些文物和故事，就像播撒在孩子们心田的种子，一颗承载着对神秘历史无尽向往与渴望的种子。在岁月的润泽下，这颗种子会生根发芽，成长为一棵庇荫心灵的大树，最终成为人生中最宝贵的精神财富。

这套"在博物馆里看中国历史"书系，以博物馆为契机，将文物、历史、故事、人文百科知识有效结合，旨在用真实的文物串联起整个中国史，用肉眼可见的、可以触摸的东西，带给孩子更真实的历史体验感。全套书按时间顺序分为史前夏商周史、春秋战国秦汉史、三国两晋南北朝史、隋唐五代十国史、宋元辽夏金史、明清史 6 册，从史前云南元谋人开始，一直讲到清朝灭亡。书中设置文物档案、博物馆小剧场、历史小百科三大版块。其中，"博物馆小剧场"以第一人称的形式讲述特定历史时期的事件，胶片式的设计风格、活泼生动的表达方式，让孩子们既能享受到看电影一般的爽感，同时又能轻松掌握特定时期的历史发展变化。全书在内容的编写上，既尊重历史的真实性，又充分考虑当代孩子的阅读习惯和兴趣，语言生动有趣，极具可读性。图片上既有真实的文物考古图，又有精美的手绘插图，极具审美和艺术欣赏的价值。

当孩子们翻开这套书籍时，就如同开启了一部神奇的时光机，可以与古人对话、与历史相拥。愿这些历史的遗珠绽放出的智慧光芒，照亮孩子们前行的道路，使他们在喧嚣的现代社会中，拥有一片宁静而深邃的精神家园。

2025 年 1 月　于林甸

目 录
CONTENTS

第一章
延续近 300 年的大明王朝

目 录
CONTENTS

第二章
中国最后一个王朝的兴亡

目 录
CONTENTS

第一章
延续近 300 年的大明王朝

第一节

明初期的外敌内患

文物档案

名　称： 明洪武年"皇城校尉"铜牌

出土地： 江苏省南京市明故宫遗址

特　点： 上面饰有云头纹，有穿孔便于悬挂，是出入皇城的凭证。

收　藏： 中国国家博物馆

朱元璋消灭陈友谅、张士诚等劲敌后，于1368年在南京称帝，建立明朝，年号洪武。朱元璋就是明太祖。同年，明太祖派徐达攻打元大都。元顺帝知道大势已去，连夜出城，逃往上都。自此，元朝结束了在中原地区97年的统治。

元朝灭亡后，明太祖在政治上进行多项改革：制定《大明律》；实行分封制，让诸子在各地做藩王，监控当地的官员；废除中书省与丞相制度，吏、户、礼、兵、刑、工六部由皇帝直接指挥。明太祖还设立锦衣卫这一特务机构，由皇帝直接支配，负责情报、抓捕与刑罚一类的工作。

下面我们去博物馆小剧场，看看朱元璋是如何一步步谋划的吧。

博物馆小剧场　朱元璋集权四部曲

1 所谓一山不容二虎，作为大明皇帝，我怎么能容忍元朝余孽的存在？所以，我派徐达去攻打元大都。他没让我失望，一鼓作气把元顺帝赶回了蒙古老家。元朝灭亡了，现在天下是我的了。

2 外部问题解决了，内部也得好好整顿一番。国要有国法，我觉得唐朝的律法非常值得借鉴。所以，我派李善长带头制定一些适合我大明的法令，当然，后期还要不断地完善丰富才行。

3 我建立了一个新机构，就是锦衣卫，首领叫指挥使，官衔正三品。锦衣卫直接听我调遣，是属于我的私人部队。有不少卫士以前是皇城校尉，对我绝对忠心。有了锦衣卫，谁想造反，我都能知道。

4 没想到胡惟庸要造反，这件事让我很生气，他都是左丞相了，还不满足？这次，我不仅要处决胡惟庸，丞相这个职务也得废除，今后六部直接归我管。

　　朱元璋当上皇帝之后，第一步就是收拾元朝的残余势力，实现全国的统一。接着，朱元璋在政治方面实行了一系列加强皇权的政策，比如设立锦衣卫，废除丞相制度，使胡惟庸成为中国历史上最后一个丞相，将皇权牢牢握在自己的手中。所谓"打江山难，守江山更难"，朱元璋很清楚这一点，所以在稳固政权之后，他又实行了一系列有利于国家发展的新政。

历史小百科

明朝南京：世界第一大城

　　南京是明朝最开始的京城，旧称金陵，素有六朝古都之称，孙吴、东晋、南朝宋、南朝齐、南朝梁、南朝陈都曾在此定都。朱元璋格外重视南京的城市建设，登基后就下令修建城墙。据说，参与建筑的就有好几十万人，每一块砖上面都刻着砖的产地以及造砖工匠与监造官员的姓名。历时 28 年，一座崭新的南京城竣工了，成为当时世界第一大城。

职能广泛的校尉

　　校尉起源于秦朝，当时是在将军、护军之下的统兵军职。西汉时，校尉开始多样化，包括都城与地方州府的监门、值夜、御武、振威等十多项职能，官级从正九品至正五品。宋朝时裁撤冗官，校尉职能大幅缩水。元末，校尉成为可有可无的散官。明朝时，校尉就是皇室的侍从，归属于锦衣卫管理，官级在七品之下，负责皇城内的监门、守夜、防火防盗等工作。这个时候的校尉需要持特制的腰牌进出皇城。

第二节

发展经济从农业开始

文物档案

名　称：明代汲县迁民碑

特　点：碑正面写"卫辉府汲县"五字，碑文记载了明朝洪武二十四年（1391年）从山西迁到汲县人员的姓名。

收　藏：河南省卫辉市博物馆

明朝建立初期，明太祖朱元璋实行了与民休息的政策。他把经济发展的重心放在振兴农业上，通过减征赋税减轻农民的负担。明太祖鼓励开荒，多次减免新开垦地区的粮税。对于受灾的地区，实行免税政策。由于连年战乱，导致许多土地荒废，所在地方人口减少。针对这一点，明太祖采用移民屯田的政策，将大量农民迁移到地广人稀的地方，去开垦荒地。明太祖又下令，凡农民有田 5 亩到 10 亩的，栽桑、麻、木棉各半亩，不执行命令的要受到处罚。发展农业，离不开兴修水利，所以明政府投入大量人力、物力，修治和州铜城堰闸、灵渠等，疏通河道，灌溉田地。到 1395 年，全国共开塘堰约 40 987 处，疏通河流约 4162 道。

博物馆小剧场　农民的全新生活

1 连日大雨，使得庄稼都涝死了。我正愁今年的税交不上时，里长来通知我，朝廷下达了新的政令，出现灾情的地方，将免一年的赋税。皇上真给力，我得赶紧把这个好消息告诉村民们。

2 连年战乱，许多地没人种都荒了。皇上下令进行大规模移民，让农民去开垦荒田。就这样，我从江南迁移到安徽凤阳。移民的待遇还不错，官府提供耕地的牛和粮食种子，并且免税 3 年。

3 以前我们只种水稻，现在官府规定每家必须种植桑、麻和木棉。听说这是皇上的决定，种出来的桑、麻和木棉，用来做织布的原材料。按照规定，田地多的富户，分派的任务也多。这样的安排我觉得很合理。

4 种苎麻我没经验，偏偏又赶上了旱灾。幸好朝廷正在和州一带修建水渠，我的田地离新建的水渠不远，过阵子用渠水来灌溉农田，就不怕干旱了。我得好好祈祷下，希望年底能有个好收成。

　　明太祖朱元璋是农民出身，深知国家以农为本的重要性，所以刚建国就把农业发展放在了重要位置。他采取移民屯田、开垦荒地、减免税收、兴修水利等措施，提高了农民的生产积极性；解放元朝遗留的奴隶，规定庶民不许蓄奴，限制僧道数量，增加了社会劳动力。通过采取一系列鼓励生产的政策，明朝的经济得以恢复发展。百姓的日子好了，社会安定了，大明王朝的统治自然巩固了。

历史小百科

世界上最早的户口本

　　1381 年，朱元璋建立人口登记制度，在全国范围内进行人口普查。户部下属的官员挨家逐户进行统计。户籍册以户为单位，每户成员的姓名、年龄、籍贯、资产，都要一一登记在上面。因其封面用的是黄纸，所以被人们称作"黄册"，它是征收赋税与征发兵役的主要依据，也是世界上最早的"户口本"。

袖珍都江堰

　　1369 年，朱元璋派兵征讨南方。打完仗后，朱元璋实行留军屯田戍边政策。鲍福宝奉命选了一个地方建村，就是最早的鲍家屯。鲍家屯先祖为了让农田旱涝保收，结合河道修建了一个泄洪抗旱工程。这个工程的原理与都江堰水利工程非常相似，因此被称为"袖珍都江堰"。

第三节

八股文的诞生

文物档案

名　称：《观榜图》
特　点：明代画家仇英所
画，描绘的是殿试后人们争相观榜的情景。
收　藏：台北故宫博物院

明太祖朱元璋认为元朝灭亡的一个重要原因是整个社会缺少教化，所以他在登基后，十分重视教育，积极兴建学校，选拔学官，并把"教育工作"作为衡量地方官政绩的重要指标。1370年，明太祖颁布诏书，确定八股文为科举考试的主要文体。所谓八股文，由八个部分组成，每部分要有两股对偶的文字；考试的题目，必须来自四书五经；考生必须以朱熹的《四书集注》为标准，对题目进行解释。科举考试分为院城、乡试、会试和殿试4级，参加殿试的考生与考官都要记录在登科录中。殿试地点在奉天殿，由皇帝亲自出考题。明代第一个状元是江西人吴伯宗，参加这次考试的，还有来自高丽、安南、占城等国的考生。

博物馆小剧场　考取功名需要的四步

1 父亲一直希望我考取功名，但这需要一步步来。首先，我要通过县里的院试考上秀才。当今皇上对科考进行了改革，要求答题时必须写八股文。院试时，我完全没跑题，考上了秀才。有几个考生的文章写得文采飞扬，但不是八股文，没被录取。

2 考上秀才之后，我又去省城参加三年一次的乡试，主考官是来自京城的大官。这一次，我又顺利过关。在这之后，我就是举人了。我一回到家，亲戚朋友就轮番请我吃饭。在他们眼里，我已经不是普通百姓啦。

3 举人没有官职，但不用向官府纳税，还拥有参加会试的资格。第二年春天，礼部主持的会试中有来自各省的举人。我的八股文得到主考官认可，考中贡士。接下来就是最关键的殿试啦。

4 殿试的考题是皇上亲自出的。我们被安排到一个特定考场，由朝中大官监考。几天后，殿试结果出来了。有点儿遗憾，我没考中前三甲，所以见不到皇上本人了。不过，我考中进士也还不错！

　　要想治理好一个国家，最需要的就是人才，所以明太祖朱元璋非常重视人才的选拔。明朝开国没多久，朱元璋就对科举考试进行了一系列的改革。不过，八股文形式呆板，禁锢人的思想。八股取士导致有的读书人为了考取功名，死读四书五经，做了官之后做事也不懂变通。从这个角度来说，朱元璋对科举制度的改革，反而是一种退步，限制了真正的人才选拔。

 历史小百科

参加科举的国外考生

　　高丽国的恭愍（mǐn）王对明朝科举很感兴趣。1371 年，他派金涛、朴实、柳伯儒三人来中国参加考试，这年是明朝第一次举办科举考试。最后，三人中只有金涛榜上有名，考了个制科第二十五名。明朝廷让他到东昌府安丘县（今山东安丘）当县丞。金涛觉得自己汉语太差，就辞去了县丞职务，与两个同伴乘船回国了。

读书人都想名列其中的登科录

　　登科录就是科举考试时，殿试文件的汇编。谁参加了殿试，负责考试的官员是谁，谁最终获得状元或者探花，都会写到登科录中。进士本人的籍贯、出身及家庭状况，也要详细记录。天一阁馆藏的《洪武四年进士登科录》是现存最早的登科录实物。

第四节

明初手工业的发展

文物档案

名　称：明代松江布
出土地：江苏省奉贤县（今上海市奉贤区）杜士全墓
特　点：原料主要为棉花，柔软、细腻、耐用。
收　藏：中国国家博物馆

明初，在明太祖朱元璋的一系列惠农政策下，农业经济得到了迅速恢复，与此同时纺织业、制瓷业、造船业等手工业也都发展迅速。农民按照国家规定，大量种植桑、麻与棉花，使得纺织业的原材料充足，同时也大大增加了农民的收入。相比元朝，这个时期的纺织技术已进行了革新，在纹样的处理手法上有了很大提高。松江地区是全国棉纺中心，有许多纺织小作坊。洪武元年（1368年），明太祖在景德镇正式设立御窑厂，专门烧造宫廷用瓷，用于祭祀、举办典礼、赏赐与外交等事宜，另外设立专门的督窑官来管理御窑厂。随着造船技术的进步，明太祖在国内建了许多船厂。其中，位于南京三汊河的龙江船厂，主要建造大型海船，一年的产量超过200艘。

博物馆小剧场　一个工部大臣的工作日记

1 不知道是不是考虑到海战的需求，皇上很重视造船业。开国没多久，他就命我们工部在江南一带建船厂。船厂工匠都是从各地招来的，技术精湛，制造出来的船又牢固又平稳。

2 宫里的人尤其喜欢瓷器，什么盘、碗、杯、瓶，一概用瓷的。这不，皇上前阵子下令在景德镇建造御窑厂。我们负责从各地招来能工巧匠，专门烧造宫廷里的瓷器。我被任命为督窑官，监督工匠们烧瓷。

3 这些年，除了造船业与制瓷业，纺织业发展得也很好。尤其是江南一带，已经成为全国纺织业中心。朝廷还在苏州建立织染局，专门用来染造缎、绢、罗、纱等高档丝织品。这些丝织品供皇宫专用，老百姓有钱也买不到。

4 朝廷官办的织染局织出来的东西虽然好，但价格很贵，老百姓根本消费不起。因此，民间出现许多民办的织布作坊。这些作坊以棉、麻为原料，生产的布料便宜又实用，刚好满足百姓的需求。

　　明朝初年，纺织业、制瓷业、造船业等手工业发展趋势良好，从而推动了社会经济的发展。在这样的经济形势下，老百姓生产的积极性史无前例地高。除了种地，卖手工业制品也成了老百姓增加收入、提升生活水平的手段之一。建国初期，百废待兴，本该举步维艰，明太祖却创造了一个经济繁荣的盛世，为大明王朝的发展开了一个好头。

历史小百科

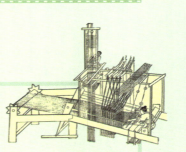

保障海上丝路的龙江宝船厂

　　龙江宝船厂始建于南宋晚期，明代时逐步发展成为当时世界上最大的皇家造船厂，最兴盛时，拥有 7 个可同时作业的船坞，雇佣两万余名工匠。郑和下西洋的大部分船只都在这里生产，其中包括当时世界上最大的宝船。龙江宝船厂为明朝时期的倭寇防御、海上漕运、海上丝路都做出了巨大贡献。

提花机的华丽转身

　　提花机是一种织布工具，早在商朝时就有了。到了明朝，随着纺织业的繁荣，提花机也越来越先进，可以说达到了顶峰阶段。明代的提花机长达一丈六，上面有花楼。织布时，需要两人配合，一人在花楼上提花，另一人在下面纺织。两人根据画稿，便可将图案完美地呈现在布料上，不仅效率比以前高，还能织出许多以前没有的花样。

第五节

修筑明长城

文物档案

名　称：明三关口段长城遗址

特　点：长12公里，由黄土掺杂
芨芨草夯筑，沿线分布关堡、城
障等配套建筑。

地　点：宁夏银川市西部40公里贺兰山景区

元朝在中原的统治结束后，残余势力逃到漠北，建立北元政权，与中原对峙，不断侵扰明朝边境。与此同时，退回到漠北草原的蒙古鞑靼、瓦剌诸部也不断南下骚扰抢掠。在这种情况下，明太祖朱元璋决定在隋长城的基础上，大规模修筑长城，以抵御周边的侵扰。1370年，大将军徐达奉命修筑居庸关，这是明朝廷首次修建长城的关城。关城规模庞大，横跨两座大山，城墙高大坚固，易守难攻。徐达还在城外山势险要的地方，筑造了烽火台、护城墩等防御体系。1372年，明太祖又派人在甘肃修建嘉峪关，防御西域各部的侵扰，保障河西地区的安宁稳定。修建长城是明代开国以来最浩大的一项军事防御工程，动用了大量的人力、物力，民工累计达几百万人。

博物馆小剧场　强大的防御工事——长城

1 没想到，元王朝灭亡了，余孽竟然在漠北建立了残元政权。不把蒙古人彻底打败，我怎么能稳坐江山？所以，我派徐达、李文忠、冯胜去征讨他们。他们打仗有经验，一连打了几场胜仗，只是始终没把残元彻底消灭。

2 蒙古人是我的心腹大患，既然不能完全消灭他们，就在边境修建长城防御他们吧。我觉得不能只修城墙，还要修建关城，适宜长期驻扎。军都山地势险要，可以建关城。这个任务我交给徐达去完成。

3 大明的外敌不只有残元，西域各部全都不是省油的灯，也得防范。我派冯胜在甘肃修建了嘉峪关，城关上驻扎重兵。我叮嘱冯胜，守城的武器一定要精良，城关上多准备一些竹节炮。

4 这一次修建长城，国家花费了大量的人力和物力。但是没有一个大臣反对，他们也知道，长城作为防御工事有多么重要。外敌打不进来，国家才能稳定；国家安稳了，百姓才能过上好日子呀。

　　修筑长城是我国古代一项庞大的军事工程，从战国时期就开始了。明朝的长城是建立在历代长城的基础上的，东起鸭绿江，西至嘉峪关，全长约 6000 千米。明长城不仅在规模上超过前朝，在防御组织的完备、建筑材料的质量上也大大超越了以前的朝代，因而能够更好地抵御外族侵略，保护国家的安全。为了巩固北方的边防，在明朝的 200 多年统治中，几乎没有停止过对长城的修筑工程。

 历史小百科

明长城西端起点：嘉峪关

　　嘉峪关是明代长城西端的起点，有"天下第一雄关"之称。明朝初年，为加强西北边防，抵御外敌，冯胜奉旨在甘肃修建嘉峪关。关城由内城、外城、罗城、瓮城等建筑组成，全长约 60 千米，高 9 米。其中，敌台是嘉峪关观察和攻击敌人的要地，可以用来存放兵器与火药、侦察敌情，也可以在这里射击敌人。

庙港长城：明长城的试点

　　据传，徐达为人心思缜密。在修建居庸关时，他没有急于动工。为了保证工程质量，他先派人考察，选一个险要地段，修建出长城的"样板工程"。然后，让工匠们按照这个样板进行修建。这个样板长城在怀来的庙港一带，一直保存到现在，又称庙港长城。

第六节

激烈的皇位之争

文物档案

名　称：明代永乐剑

特　点：明成祖朱棣送给一位西藏活佛的礼物。剑格上的动物是佛教瑞兽"琼（即狮子）"。剑身中间有剑脊，剑鞘上有交错纹案和浮雕花面。

收　藏：英国皇家军械局博物馆

1392 年，太子朱标因风寒去世，明太祖朱元璋便立朱标的儿子朱允炆为皇太孙。1398 年，朱元璋驾崩，朱允炆即位，他就是建文帝。建文帝执政后，实行削藩战略，先后废黜周王、代王、齐王、闽王。建文元年（1399 年），燕王朱棣以"清君侧"之名，联合各藩王举兵造反，史称"靖难之役"。最初，燕军轻敌，在东昌被皇帝的南军打败。朱棣的亲信张玉战死，朱棣也险些被擒。东昌战役是双方交战以来，南军取得的第一次大胜利。但是后来，由于建文帝缺乏谋略，又错误任用老将耿炳文带兵。耿炳文只懂防守，不擅长进攻，导致战事接连失利。而朱棣以燕京为基地，适时出击，灵活运用策略，消灭了朝廷军主力。建文四年（1402 年）六月，朱棣攻入南京，登上皇位，年号永乐。

博物馆小剧场　从燕王到皇帝

1 太子死后，我以为父皇会立我为太子。要知道，我曾经出征漠北，立下汗马功劳，皇子中没谁能跟我相提并论。可是，父皇竟然选择朱允炆做皇位继承人。他难道糊涂了？不记得自己还有儿子吗？

2 我一直想让父皇改立太子，但是父皇突然驾崩。朱允炆这小子按继承制做了皇上。朱允炆怕有人反他，即位没多久就开始削藩。他还是太嫩，各藩王怎么会任由他宰割？在我的鼓动下，藩王们决定跟我一起起兵。

3 我竟然轻敌了，朱允炆这小子的军队竟然在东昌打败了我。我最器重的大将张玉战死，我也差点儿成为俘虏。这次失败，让我意识到，等待我的是一场持久战，不能过于心急。

4 我重新整顿兵马，经过4年的时间，终于攻下南京城。我传令下去，不要伤害城中百姓，他们都是大明的子民，也是我的子民。我终于登基了，坐上了本就应该属于我的龙椅。我就知道，我想要的一定会得到！

靖难之役，又称靖难之变，是明朝初年统治阶级内部争夺帝位的战争。朱允炆即位没多久，在地位未稳的时候，就急于削藩，表现出他的天真与年轻气盛。反观朱棣，有智谋也有手腕，在兵败时不畏惧、不气馁，抓住一切机会趁势反扑，一举夺得胜利。然而，这场历时4年的战争给明初刚刚得到恢复的社会经济带来不小的破坏，尤其是战争激烈的地区所受的破坏更大，出现了"淮以北鞠为茂草"的情况。

 历史小百科

朱允炆失踪之谜

南京被朱棣的大军攻陷后，在燕王军队抵达后的一场混战中，南京城内的皇宫大院起了火。皇帝朱允炆不知去向。有人说，他死于大火之中，可火海中却没有找到他的尸体。也有人说，他出家了，但朱棣派锦衣卫寻找多年，也没有确切的结果。朱允炆究竟去哪儿了？这始终是个谜，也一直是朱棣的心病。

《永乐大典》

《永乐大典》是明成祖朱棣在位期间，由他亲自主持，姚广孝和解缙组织编撰的中国百科全书式的文献集。全书22877卷、11095册，汇集了古今图书七八千种，包括14世纪以前文学、艺术、历史、地理、哲学、自然科学、宗教等各方面的丰富资料。据说，当年参与编纂《永乐大典》的人员将近3000人，整整花费了4年时间才完成编纂。

第七节

郑和下西洋

为了加强对外联系，促进明朝的海外贸易，明成祖朱棣登基后，任命三宝太监郑和担任正使，率领明朝船队出使"西洋"。永乐三年（1405年）六月，郑和第一次下西洋。从1405年至1433年，郑和奉明成祖朱棣及明宣宗朱瞻基命令率庞大的船队，带领2万多人，先后七下西洋，和平造访了30多个国家和地区：爪哇、苏门答腊、苏禄、彭亨、真腊、古里、暹罗、榜葛剌等，最远曾到达东非、红海等地。郑和每次出海，都率领大批军士、水手，以及众多船只。郑和船队每到一个地方，都以瓷器、丝绸、金银等物换取当地的香料、象牙、蔬菜水果种子以及奇珍异宝，运回国内。

博物馆小剧场　郑和回忆录

1 为了宣扬国威，加强对外联系，皇上决定派船队下西洋考察。因为我之前有丰富的航海经验，所以被赋予重任。第一次出海，我们的船队从南京出发，到过很多国家。返航时，我们还在南海抓到当地最猖狂的海盗头子陈祖义，押送回北京。

2 第二次远航，我们在锡兰国遇到点儿麻烦。我进王宫面见国王亚烈苦奈儿时，亚烈苦奈儿竟然将我软禁了起来。幸好我的水军就驻扎在城外，他们听说我被抓了起来，立即冲进王宫，活捉了亚烈苦奈儿，救下了我。

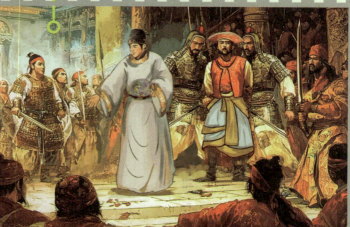

3 像在锡兰这样的遭遇，我经历过不少。有一次远航，船队来到苏门答腊，正赶上内乱，误杀我们许多人。我当然不会善罢甘休，率兵去讨伐他们。后来，苏门答腊国王向我赔罪，赔偿了许多黄金，这才算完事。

4 我们的船队不仅出发的时候装载满满的货物，每一次回来也是满载而归，其中包括大量珠宝、药材，还有农作物的种子。别瞧不起这些种子，有了它们，我们国家才开始种玉米、花生、苦瓜……

郑和是一位杰出的航海家和军事家，深受明成祖朱棣的器重。郑和下西洋是中国古代史上规模最大、船只最多、海员最多、时间最久的海上航行，比麦哲伦、哥伦布、达·伽马等人的海上探险早了近百年。郑和下西洋堪称世界航海史上的一次壮举，既加强了中国与亚非各国的友好往来和经济交流，也带动了人口迁移（华人移居南洋），促进了南洋地区社会经济的发展。

历史小百科

世界上最大的船

郑和的宝船总共有 62 艘，其中有一艘是当时世界上最大的船，长约 148 米，宽 60 米；船上下共 4 层，9 条桅杆，12 张帆；锚重达几千斤，需要二三百人才能将船开起来。这艘船是整个船队的指挥和调度中心，上面还配备了精良的武器，可以对付海盗。此外，宝船还具有装运货物、接待外宾等用途。

外国使臣进献"麒麟"

郑和下西洋时，与榜葛剌（là）（位于今孟加拉国）往来密切。榜葛剌国王想跟明朝建交，派遣使臣来明朝，进献了一只长颈鹿。当时的中国没有这种动物，朝廷上下都认定这是一只麒麟。在古代，麒麟代表吉祥，象征着太平盛世，因此这份重礼让明成祖很满意。

《榜葛剌进麒麟图》

第八节

明朝迁都北京

文物档案

名　称：明代青花海水江崖纹三足炉
特　点：表面的图案是海水江崖纹，由海浪与山组成，象征着江山永固。此鼎在迁都时，跟随明成祖一起迁入紫禁城。
收　藏：北京故宫博物院

　　朱棣做皇帝前，被封为燕王，封地在燕京北平。永乐元年（1403年），礼部尚书李至刚等奏称，燕京北平是皇帝"龙兴之地"，应当效仿明太祖对凤阳的做法，立为陪都。于是，明成祖以北平为北京，改北平府为顺天府，又让人开垦北京城郊的荒田，还把江南的农民迁移到北京。1406年，明成祖下令开始营建北京皇宫和城垣。由于工程浩大，仅备料就用了近10年时间，青砖从山东运来，木材来自四川的大森林。运河是漕粮运到北京的主要渠道。1411年，明成祖命工部尚书宋礼负责修运河。为了保证河道畅通，从南方来的运粮船不会受阻，这一项工程动用了30万民工参加。同时，明成祖又派人在北京郊区的天寿山建陵墓，陵宫建筑占地约12万平方米。1421年，明王朝正式迁都北京。

博物馆小剧场　明成祖的迁都计划

1 当燕王时，北京便是我的大本营，这里我最熟悉。如今，我是皇帝，要想充分施展权力，北京最适合做京城了。不过，我得先让人把北京修建成皇城该有的样子。

2 建皇城除了要建好宫殿，还必须考虑实际漕粮问题。北方田少，粮食要通过运河从南方运到北京。作为皇城，运粮的船一定要畅通无阻才行。所以现在的运河要先治理，这个工作就让工部负责吧。

3 皇帝也不能长命百岁，所以都会早早考虑修建陵墓的事情。听说，北京郊外有个地方风水不错，就在那里建皇陵吧。许多大臣见我建陵墓，猜到我要迁都，对此意见很大。

4 我召集文武百官，商议迁都的事。我的态度很明确，谁不同意，就革谁的职。这下，谁也不敢反对了。一切准备就绪，我选了个黄道吉日，开始浩浩荡荡地迁都了。还是我的大本营让我更踏实啊！

北京位于华北平原中心，地势险要，利于防守，同时北京靠近蒙古草原，面对蒙古的异动可以迅速做出反应。迁都北京，既可以避免南京原有反对势力对皇权的威胁，又可使落后于江南的北方经济得到发展。迁都过程中，对运河的疏通、重建，使南北漕运通道更为顺畅。朱棣迁都后，北京成为中国的政治、文化、科技和教育中心，对中国发展产生了巨大推动作用。

历史小百科

中国现存最大的青铜钟

　　永乐大钟是中国现存最大的青铜钟，铸造于明永乐年间。大钟高 6.75 米，工艺精美，铜质精良，声音嘹亮明快，最远可传到 90 里之外的地方。大钟铸造完后，明成祖朱棣召集文武百官商议大钟应该悬挂在什么地方，最后决定挂在紫禁城的边上。这样一来，每当钟声响起，整个紫禁城都能听得见。

紫禁城遭雷击的传说

　　据传，明朝迁都北京后，紫禁城曾遭遇过一次严重的雷击。当时，雷电交加，许多宫殿被毁。这件事引起了朝野上下的震动和恐慌，许多人觉得这是上天对朱棣的警示和惩罚。朱棣虽然心里也有些不安，但还是没有改变决定，依然定都北京。

第九节

持续发展的仁宣之治

　　1424 年，明成祖朱棣去世后，其子朱高炽继位，就是明仁宗，年号"洪熙"。明仁宗一登基，便下令禁止皇家到民间采办珠宝，并且平反了许多冤假错案。明仁宗在位仅仅一年就去世了，之后其长子朱瞻基继位，就是明宣宗，年号"宣德"。明宣宗先是平定了汉王朱高煦的叛乱，然后积极推行与民休息政策。他重视农业，兴修水利，多次减免农民的赋税；重用杨士奇、杨荣、杨溥等贤臣，严惩贪官污吏。在科举制度上，明宣宗也进行了改革，实行南北取士的政策，采用南北分卷的录取方式，以此确保南北地区的学子都有公平的录取机会。1435 年，明宣宗驾崩，年仅 38 岁。明仁宗父子执政时期，国家富强，政治清明，百姓安居乐业，社会稳定，因此被称作"仁宣之治"。

博物馆小剧场　我们父子这 10 年

1 父皇在位时，励精图治，一心想创造一番盛世局面。可惜，他只当了一年皇帝就驾崩了。我忍着悲痛登基，下定决心秉承他的遗志，把国家治理好。叔叔朱高煦不服，起兵造反。我亲自率兵镇压，在乐安将他抓了起来。

2 要想坐稳江山，就得做到爱民如子。老百姓的赋税，能减就减；出现灾情的地方要积极赈灾。以前，宫里的人经常去民间采办宝石，给老百姓造成极大困扰，老百姓怨言很大。我下令制止了这件事。

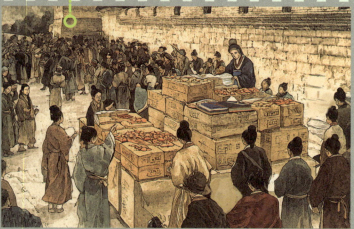

3 对待百姓，我表现得很仁厚。但是对于贪官，我铁面无私，毫不客气。有一年，我一次就罢免了京城的 70 多名官员，有的杀头，有的流放。从那以后，官员们谁也不敢贪污了。

4 官员的选拔多是来自科举考试，而科举制度决定了官员的素质。我决定改革科举制度。以前考官总是偏爱录取南方考生，我规定今后北方考生要占全部进士的百分之四十。南北方的人才都不能忽视。

在明朝历史上，仁宣盛世是一个备受瞩目的历史时期，明仁宗与明宣宗先后通过一系列改革，让国力达到了明朝的巅峰。他们重用贤能，减少百姓的赋税，缓和了社会矛盾。此外，两位皇帝还注重司法公正，平反冤案，创造了一个安定和谐的盛世局面。明宣宗对科举制度的改革，不仅解决了当时社会存在的弊端，也为后世的教育体制变革奠定了坚实的基础。

历史小百科

宣德炉

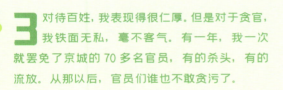

宣德炉

明宣宗偏爱香炉，从暹（xiān）罗国（今泰国）进口一批红铜，亲自督促宫廷御匠吕震等人烧制铜炉。铜炉的制作过程非常烦琐，工匠们要先参照典籍图册，以及官窑、哥窑、定窑等瓷器，设计出香炉的样式。烧制时，红铜内要加入金银等贵金属，一起铸炼 12 次。相传，宣德三年（1428 年），一共烧制了 3000 座铜炉，都被称作宣德炉，大部分陈设在宫廷里。

蟋蟀皇帝

明宣宗很喜欢玩蟋蟀。据《明朝小史》记载，明宣宗经常命令专人在京城各地抓蟋蟀。后来，明宣宗觉得北京的蟋蟀个头不够大，便命令宦官到江南采办蟋蟀，由苏州知府况钟协助。况钟将任务摊派给手下。手下找不到蟋蟀，便出钱抢购，导致蟋蟀的价格上涨，甚至有的蟋蟀要十几两黄金才能买到。

第十节

土木堡之变

1435 年，只有 9 岁的朱祁镇继位，由张太后摄政，朱祁镇就是明英宗，年号正统。1442 年，张太后去世。太监王振因受皇帝宠信，大权独揽。1449 年，北方蒙古族的瓦剌部入侵边境。军报传到北京，明英宗召集大臣商讨策略，在王振的鼓动下准备御驾亲征。明英宗让弟弟郕（chéng）王朱祁钰据守北京，他亲自率领 50 万大军出征。队伍走到土木堡的时候，遭遇瓦剌军的埋伏，明英宗被俘虏。瓦剌军趁机以他为人质，直逼北京城下。国不可一日无主，同年 8 月，在于谦等人的扶持下，朱祁钰临时登基，年号景泰。之后，兵部侍郎于谦率领军民进行北京保卫战，打退了瓦剌的军队。瓦剌退兵后，群臣弹劾王振。锦衣卫指挥使马顺因维护王振，被众人当场打死。

博物馆小剧场 　于谦的北京保卫战

1 张太后一死，我就感觉到天下要乱。果然，王振大权独揽，朝中大事小情全都由他一个人说了算。宫门上挂着的禁止宦官专权的牌匾，王振也派人摘下来。他太过分了，连太祖遗训都不放在眼里。

2 蒙古族的瓦剌部一定是察觉到朝廷内部的动荡，派兵侵犯我国边境。王振这个奸臣，竟然鼓动皇上御驾亲征。我和其他大臣都反对此事，可皇上不听，亲率大军离开北京。我总有一种不祥的预感。

3 皇上率领的军队在土木堡遭遇了敌军的埋伏！瓦剌人以为挟持了皇上，就能攻下北京城。他们的算盘打错了！国不可一日无君，我和几位大臣商议决定，拥护郕王朱祁钰登基。决不能让瓦剌人的阴谋得逞！

4 瓦剌人眼看着用太上皇要挟我们不成，干脆率大军进犯北京。好在皇上即位后，早就安排我做好了一切战前准备，再加上北京城内的军民空前团结，将帅作战勇猛，瓦剌军终于被我们打退了！

　　明英宗刚愎自用，在不了解敌我形势的情况下，误信奸臣王振之言，御驾亲征，结果成了阶下囚。皇帝被俘，使得京城的政局陷入混乱之中。关键时刻，于谦不仅率领军民成功保卫了北京，还扶持朱祁钰登基。于谦的行为并非考虑个人得失，而是为了大明王朝的稳定着想。事实也证明，新皇登基，让瓦剌军失去了要挟北京的筹码，也在一定程度上维护了大明朝廷的稳定。

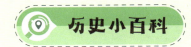

历史小百科

御马监腰牌之谜

　　2005年，俄罗斯的米努辛斯克市出土了一块铜制腰牌。据分析，这是明朝御马监的腰牌。根据推测，应该是明英宗讨伐瓦剌时，随军的御马监喜宁和跛儿干的腰牌。明军战败以后，他们都投降了。俄罗斯出土的这块腰牌，很有可能就是那时被他们带过去的。

显忠祠

　　显忠祠的遗址位于河北省，修建的时间为明朝景泰元年，也就是朱祁钰刚登基的那年。祠堂内共有5间大殿、1块石碑，上面记录着土木堡事件中死难大臣的名单。后来，明宪宗即位，下旨重修显忠祠，还亲自撰写了碑文。

第十一节

明宪宗的远大抱负

　　明代宗朱祁钰在位期间，重用大臣于谦等人，治国理政颇为有序。1457 年夺门之变后，明英宗朱祁镇重新夺回皇位。他先是将朱祁钰贬为郕王，又下令处死于谦。1464 年，明英宗驾崩，他的儿子朱见深继位，也就是明宪宗，年号"成化"。明宪宗立志做个明君。为了顺应民心，他平反了于谦冤案，恢复代宗的帝号，重用李贤、商辂（lù）等贤臣。对外，明宪宗采用强硬手段平定了广西瑶族的叛乱，并先后两次扫荡建州女真。在镇压郧阳流民起义后，明宪宗在当地设置府县，对流民进行安抚。明宪宗执政后期，逐渐怠于政事，长期不上朝，迷恋长生术，热衷炼丹，还整日沉溺于后宫之中。为了制衡东厂，明宪宗建立了西厂，负责为自己打探消息，同时控制言论。

博物馆小剧场　　我要做个好皇帝

1 我曾被皇叔废了太子之位，差点儿没机会当上皇帝。幸好父皇将皇位夺了回来，他去世后，我如愿坐上了皇位。我十分珍惜这来之不易的皇位，所以，我要做出一番事业，让所有人知道，我是个好皇帝。

2 得民心者得天下。我知道，于谦是个难得的忠臣，深受百姓敬仰。而父皇杀了他，让百姓内心不满。所以，我给他平反，并且立碑，让万民凭吊。我还恢复了皇叔的帝号。百姓都觉得我是一位仁君。

3 北方的建州女真越来越猖狂，尤其是建州左卫首领爱新觉罗·董山，经常带人骚扰我国边境，烧杀抢掠。是可忍孰不可忍，我联合朝鲜一起清剿他们。我们打了两场仗，都大获全胜。

4 为了大明王朝，我付出了很多心血。现在，我只是好好享受一下，有什么错呢？大臣和百姓几乎都在说我不是好皇帝。幸好我建立了西厂，除了制衡东厂外，还能帮我暗中监视众人。谁敢议论我，我就杀谁！

明宪宗登基之初，在政治上为于谦平反，恢复明代宗帝号，稳定了朝政；经济上，减轻赋税，发展经济，为弘治盛世打下了基础；军事上，平定两广、西南，收复河套，西征哈密、三犁女真，使边防进一步巩固。但明宪宗晚年宠信宦官，致使西厂横行，残害忠良，政治昏暗；宠信贵妃万氏，使朝政再度腐败。明宪宗执政期间，明朝从清明逐步走向了昏暗。

📍 历史小百科

夺门之变

1450 年，于谦率领军民取得了北京保卫战的胜利，之后又接连几次打败瓦剌军。瓦剌军主动与明军议和，并将明英宗朱祁镇送回京城。朱祁钰害怕朱祁镇和他抢皇位，便将朱祁镇软禁在南宫长达 7 年。1457 年，朱祁钰病危，武将石亨为了提高自己的权势，联合徐有贞、张轨（yuè）等人发动政变，领 1000 多士兵进入内城，从南宫劫出朱祁镇，然后拥护朱祁镇复位。这就是夺门之变。

鸡缸杯的由来

明宪宗朱见深的童年很不幸，父亲被瓦剌俘虏，母亲不在身边，自幼缺乏父爱、母爱。明宪宗登基后，有一天，在观赏北宋书画家王凝画的《子母鸡图》时，看到母鸡喂小鸡吃食的情景，十分感动。当即，他让景德镇的工匠们烧制一种御用的酒杯，杯壁之上绘有公鸡、母鸡与鸡雏的图案。这种酒杯后来被称作"鸡缸杯"。

第十二节

昙花一现的弘治中兴：
整顿朝纲先从官场开始

文物档案

名　称：明代金蝉玉叶
出土地：江苏省吴县市五峰山明弘治年进士墓
特　点：蝉为金制，玉叶用新疆和田的羊脂玉雕琢而成。应为贵族子女的发簪。
收　藏：南京博物院

1487 年，明宪宗驾崩，其第三子朱祐樘（chēng）继位，他就是明孝宗，次年改年号为弘治。明孝宗即位后，一改明朝之前的暴戾统治，实行相对温和的统治策略。他严于律己，体贴臣民，同时加强了对宦官的管制，限制锦衣卫这些特务机构的权力，免得他们制造事端。在用人方面，明孝宗遵循任人唯贤的原则，发掘并重用了徐溥、刘健、李东阳等官员；建立了严格的官员考核制度，对于那些碌碌无为的官员全部撤职流放。明孝宗听取徐溥的建议，改革庶吉士制度，对庶吉士选拔标准进行了明确规定，要求被选拔者必须德才兼备。1505 年 6 月，明孝宗因病离世，年仅 36 岁。明孝宗在位期间，政通人和，百姓安居乐业，史称"弘治中兴"。

博物馆小剧场　一个翰林的心声

1 能成为翰林，我倍感荣耀，而更让我受宠若惊的是，皇上对我们这些臣子非常体贴。有时候，我处理事务到深夜，皇上会派人送我回家。但伴君如伴虎，我还是有些担心被东厂、西厂抓住什么把柄。

2 听说皇上召见了锦衣卫指挥使，责令他约束好部下，不能再惹出事端。皇上不仅严格约束锦衣卫，而且限制了东厂、西厂的权力。要知道，这些特务机构的人以前嚣张得很，连我们这些内阁大臣都不放在眼里。

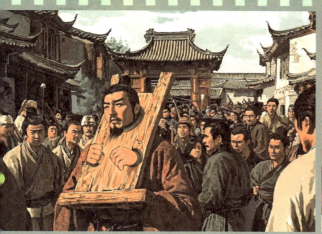

3 这段时间，许多前朝的大臣有的被罢官，有的被流放。不明原委的人还以为皇上在算旧账，而我很清楚，皇上处置的都是那些庸碌无能的官员，这也是我们内阁提出的建议。

4 想当初，要想成为庶吉士，需要上级官员提拔。因为我很少巴结上级官员，所以等了很久才成为庶吉士。现在皇上对庶吉士制度进行改革，通过考试也能成为庶吉士，像我一样刚直的人再也不会被拒之门外了。

明孝宗励精图治，驱除宫内奸臣，任用贤臣，使当时的朝政焕然一新。同时，他仁爱待人，深受朝中大臣们的拥戴。在明孝宗的带领下，朝廷内外呈现出一片积极向上的氛围，整个社会出现国富民强、政通人和、百姓安居乐业的局面，史称"弘治中兴"。整体来说，"弘治中兴"确实给明朝带来了短暂的辉煌，可惜明孝宗英年早逝，导致这种局面犹如昙花一现，很快便消逝了。

历史小百科

遵行一夫一妻制的皇帝

明孝宗朱祐樘在没继承皇位前，便娶了张氏，两人十分恩爱。朱祐樘登基后，封张氏为皇后。别的皇帝都有三宫六院，朱祐樘却用情专一，除了张氏一人，没有再增加后宫妃嫔。大臣们觉得这违背祖训，劝朱祐樘纳妃，但他不为所动。朱祐樘是中国历史上绝无仅有的没有嫔妃的皇帝。

不爱当官的书法家

李东阳是弘治年间的内阁首辅，同时也是当时著名的书法家。他的行草书《高山巨石》卷，收藏在故宫博物院。据说，李东阳不爱当官，一直想辞职。1501 年，他以眩晕为由请辞。明孝宗爱惜他的才华，没有批准。随后，李东阳上疏几十次，以各种理由请求辞职，明孝宗的答复始终只有两个字：不准。

第十二节

昙花一现的弘治中兴：
兴修水利

文物档案

名　称：明弘治黄陵岗塞河功完之碑
特　点：碑身用汉白玉雕刻，底座呈龟形。碑文记述了明弘治二年至八年间，黄河决口泛滥的情况，以及治理黄河、堵塞决口的始末。
地　点：河南省兰考县

　　弘治二年（1489 年），黄河决口，明孝宗朱祐樘派户部左侍郎白昂带人前去修治。白昂会同山东、河南等地的巡抚，调用 25 万民夫，引黄河入汴水。在这次治水中，白昂在河南阳武修筑的长堤，被称作白堤。弘治五年（1492 年），江南苏松河告急，河道淤塞成灾。明孝宗派遣徐贯前去治理。徐贯先是让民工们清理淤泥，然后挖凿沟渠。工程全线完工后，太湖流域再次成为鱼米之乡。次年，黄河再次出现水灾，张秋河决堤，危及运河，漕运中断。明代漕运一直是南粮北运的关键通道。吏部尚书王恕推荐刘大夏来治水。刘大夏先让人在决口处的西岸挖了一条月河，保证漕运畅通，然后又用了几年时间，筑长堤 360 里，最终消除了黄河水患。

博物馆小剧场　　**接二连三的治水经历**

1 黄河泛滥，皇上派白昂大人治水，我作为负责水利的官员一同前往。经过一番视察，白大人下令将黄河水引入汴水。调用好几十万民工，终于解决了水患。百姓感激白大人，将新修好的长堤叫作白堤。

2 黄河治理完没几年，苏松河又淤堵成灾。这次皇上派徐贯大人领着我们去治理。徐大人的方法是，先将淤泥清理干净，然后挖凿新的河渠。这一工程完成后，不仅水患解决了，还让太湖流域成了鱼米之乡。

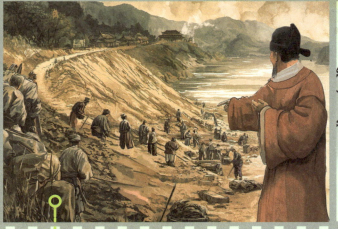

3 黄河又决堤了，还影响到了漕运。朝廷这次任用年过花甲的刘大夏大人负责治理。刘大人权衡一番后，根据轻重缓急，让民工们在决堤附近先挖了一条月河，首先解决漕运的问题。

4 漕运畅通了，接下来就是彻底解决黄河的水患问题。刘大人不顾自己岁数大，领着大家用了好几年时间，修筑了一条又坚固又长的堤坝。功夫不负有心人，这回黄河彻底老实了。

　　历朝历代，治水都是国家大事，水利决定着老百姓的田地是否能丰收，也直接关系着国家的经济是否繁荣。明孝宗朱祐樘深深懂得这个道理，因此格外重视水利。无论在黄河还是在苏松河的治理上，明孝宗都能够当机立断，派出了十分得力的治水官员，同时投入大量的人力和物力，可见其决心之大，用心之良苦。黄河水患的彻底解决，可以说在明孝宗的功德簿上留下了浓墨重彩的一笔。

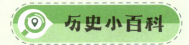
历史小百科

张秋河决堤

　　白昂在山东治水过程中，到张秋河考察时，发现一处隐患。按照当时的治水规划，要将黄河水引到淮河，再入海，但淮河要是遇上大雨，其支流张秋河必然发生决口。白昂上奏朝廷，要开凿月河，缓解淮河压力。然而，此建议遭到百官反对，认为这样太劳民伤财。结果几年后，张秋河决堤，黄河泛滥，导致国家损失惨重。

明代南海沉船

　　2022年10月，在我国南海西北陆坡发现两处古代沉船遗址，这是我国首次在1500米深的海底，发现明代沉船遗址。其中二号沉船遗址，专家初步判断其所属时代是明代弘治年间，遗址保存完好，船上装着大量原木、陶罐、瓷器等，原木摆放整齐。据猜测，这条船是从海外采购完木材，准备前往宁波或者广州的。

第十三节

荒唐皇帝明武宗

文物档案

名 称： 明代豹房勇士铜牌

特 点： 一面有豹子图案，一面写着"养豹官军勇士悬带此牌，无牌者依律论罪，借者及借与者罪同"。

收 藏： 中国国家博物馆

1505 年，明孝宗驾崩后，其子朱厚照继位，即明武宗，年号"正德"。明武宗做事荒唐，自己没有子嗣，便广收义子，多达上百人。明武宗十分喜欢豹子，专门设立了一个养殖各种豹子的豹房。为了与豹子朝夕相处，他竟然搬到了豹房居住，并在豹房处理朝政。明武宗十分喜欢打仗，不仅亲自率兵平定了宁王朱宸（chén）濠的造反，还不顾大臣的反对，领兵抵御鞑靼侵扰。在应州之战中，明武宗大败鞑靼小王子。班师回朝时，他自封为大将军。明武宗做过的最荒唐的一件事，就是曾颁布过禁猪令，禁止百姓养猪。当然，明武宗也有优点，他热衷于藏族、蒙古族、阿拉伯、葡萄牙等地文化，通晓多种语言。1521 年，明武宗因病驾崩于豹房，年仅 31 岁，葬在康陵。

博物馆小剧场 　官员眼里的明武宗

1 皇上的喜好说起来有点儿恐怖，竟然喜欢豹子！要知道，豹子可是会吃人的。皇上还专门建了一个地方养豹子。更离谱的是，自此以后皇上连皇宫都不回了，直接住在豹房，办公也在那里。

2 真的是伴君如伴虎啊！想当初，刘瑾公公可是皇上身边的大红人，权力大得不得了。结果，因为有人告发刘公公，皇上就把刘公公抓了起来，还派人去抄家。看来，像我这种远离皇上的小官还是相对安全的。

3 皇上不仅喜怒无常，还很喜欢打仗。这不，鞑靼总是侵犯边境，皇上二话不说就御驾亲征了。打了一场胜仗回来后，皇上竟然封自己为大将军。这件事把大家都弄糊涂了，到底是皇帝大，还是将军大？

4 宁王朱宸濠起兵造反，虽然被镇压了，但皇上似乎受到了刺激，整天神经兮兮的。最令人啼笑皆非的是，他竟然颁发禁猪令，不让老百姓养猪。据说是因为猪与朱谐音，皇上难不成是一朝被蛇咬，十年怕井绳？

　　明武宗追求个性解放与自由，荒废了朝政，他的一系列荒唐政策，任性又缺乏政治智慧。"禁猪令"的颁布，不仅扰乱了百姓的正常生活，还引起了社会的动荡。明武宗喜欢打仗，虽然经常取得胜利，但也是劳民伤财之举。而他自封为将军，广收义子，践踏了王权的威严，引发了百官的不满与皇室的愤懑，加剧了明朝的内部矛盾，对明朝后期的政局稳定产生了不良影响。

历史小百科

豹牌上的"豹子"到底是什么动物？

　　豹房是明武宗时的军事机构，出入人员为中层以上军官，且出入需以"豹牌"为证。豹牌上可见豹子的图像。那么，这个豹子是我们现在的金钱豹吗？唐诗中有"两行排列金钱豹，钦察将军马上驮"的诗句。要知道，金钱豹是世界上公认无法驯服的动物，不可能让"马驮"，加之金钱豹体型很大，更不能和人同坐于马上。据此推测，古人所谓的豹子很有可能是古文献中早有记载的被驯化的猞猁狲。猞猁狲和豹子同属猫科，且体型小，非常符合"土豹"的形象。

中国瓷器上为什么有阿拉伯文？

　　目前已发现的正德年间烧制的瓷器有些特别，这些瓷器上竟然写着阿拉伯文。据考古学家推测，很可能是因为明武宗对阿拉伯文化格外感兴趣，还会说阿拉伯话，所以景德镇的工匠们为了讨皇帝欢心，特意将阿拉伯文与传统纹饰刻在一起，寓意着两国的文化交融。

第十四节

对抗北虏、南倭：
庚戌之变

　　明武宗朱厚照没有子嗣，他死后，传位给了堂弟朱厚熜（cōng）。1522年，朱厚熜登基，年号"嘉靖"，他就是明世宗。明世宗执政初期，励精图治，勤于政事，后期开始沉迷于炼丹修道，不理朝政。严嵩父子趁机独揽大权，使得朝纲败坏。明朝廷内部的腐败，让蒙古鞑靼部抓住了机会。鞑靼部右翼土默特部首领俺答汗一面带兵侵犯边境，一面派使臣入京进行贸易谈判，要和明政府"通贡互市"。俺答汗表示，愿意臣服明政府，年年进贡，但是明政府要在边境开放自由贸易，便于两国进行商品交换。明世宗没有同意，还杀了使臣。俺答汗大怒，于1550年率领大军进兵大同。明大同守将仇鸾重金贿赂俺答汗，才免于战争。俺答汗又带兵直逼北京。明世宗毫无应对之策，只好同意通贡互市。这就是庚戌之变。

博物馆小剧场　　强大无比的俺答汗

1 我是鞑靼部的勇士，住在大草原上。我的祖先曾经统治过中原，建立元朝。听说，现在的大明皇帝不问政事，整天炼丹修道，朝廷内部混乱不堪。我们正好缺食少粮，俺答汗带着我们频繁洗劫边界的汉人村庄。

2 起初，我们俺答汗的想法很简单，就是想在边界跟汉人做买卖，改善一下我们族人的生活，哪怕每年给明朝进贡都行。没想到大明皇帝不识抬举，拒绝了我们的请求，还把使臣杀了。

3 俺答汗十分生气，率领我们朝大明进军。一路上，我们势如破竹，大明军队不堪一击。大同的守将仇鸾最窝囊，吓得派人来送礼，请求我们别攻打大同。俺答汗竟然同意了，放过了大同。

4 没想到，俺答汗竟然要直捣"黄龙府"！他率领我们从古北口直接攻入北京，将明都城包围起来。直到这时，无能的大明皇帝才因为害怕而答应了我们提出的所有条件。这可真应了汉人的那句老话"敬酒不吃吃罚酒"！

　　明世宗即位后期和初期反差巨大，既给了奸佞小人独揽朝政的机会，也给了蒙古鞑靼部以可乘之机。庚戌之变暴露出明朝统治的腐败无能，军事力量薄弱。与此同时，它也引发了明朝统治者的反思与警醒，此后的统治者开始加强军队建设。庚戌之变后，明朝与蒙古进行互市贸易，既满足了蒙古的需求，也促进了明朝的经济繁荣。明朝逐渐意识到互市贸易的重要性，为后来的隆庆和议奠定了基础。

历史小百科

嘉靖年间的"机关枪"

　　三眼铳是嘉靖年间北方边防士兵常用的一种火门枪。制造的时候，工匠先打造好三根铳管，然后用铁箍将铳管固定到一起，再安装上木制的枪柄就行了。用三眼铳可以连发子弹，相当于现在的机关枪，比单管火门枪威力大。不过，三眼铳需要两个人配合射击，比较麻烦。此外，它是用熟铁制成的，容易炸膛。

黄铜货币问世

　　嘉靖年间，经济繁荣，对货币的需求日益增加。然而，当时的青铜开采和冶炼成本较高，导致铸币的成本也随之增加。此外，青铜货币在使用过程中，出现易磨损、易变形等问题。相较之下，黄铜冶炼技术已经成熟，铸币成本又低，因此，1555年，明世宗下诏在云南设炉铸币，用黄铜代替青铜。这也是中国历史上第一次用黄铜铸币。

第十四节

对抗北虏、南倭：
戚家军抗倭寇

早在元朝时，日本国的一些封建领主与武士为了生存，不断侵扰我国沿海地区。因为日本曾叫倭国，所以这些强盗被称作倭寇。明嘉靖年间，倭寇越发猖獗，烧杀抢掠，给当地的百姓带来深重灾难。1555年，戚继光调任到浙江任参将，镇守绍兴、台州、宁波等地。为了抗击倭寇，戚继光组织了一支新军，被称作"戚家军"。戚家军训练有素，作战勇猛，是倭寇的克星。1561年四月，倭寇进犯浙江海域，战船有数百艘。戚继光在台州部署兵力，采用鸳鸯阵抗敌，大获全胜。接着，戚继光率兵平定福建一带的倭患。不到两个月时间，戚家军荡平了横屿、牛田与林墩的倭寇。次年春，戚继光出兵讨伐广东的倭寇，攻打南澳，几乎全歼岛上敌人。戚继光通过十几年的抗倭斗争，终于将东南沿海的倭患平息了。

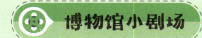

博物馆小剧场　我们抗倭这些年

1 这几年，倭寇经常来我们村子烧杀抢掠，无恶不作。得知戚将军来我们这里组建新军，我立刻报了名。我早就听说戚家军军纪严明，训练艰苦。但一想到能打跑可恶的倭寇，我硬是坚持了下来。

2 台州一战，是我第一次参加战斗。倭寇乘坐着上百艘战船，有好几万人，一上岸就来攻打台州。我们早就计划好用"鸳鸯阵"迎敌。这种阵法对付倭寇很管用，倭寇死伤好几百人，我们大获全胜，真过瘾。

3 倭寇被我们戚家军打怕了，不敢来浙江，在福建流窜，当地百姓饱受蹂躏。哪儿有倭寇，戚家军就去哪儿。这不，戚将军率领我们又进军福建，倭寇在横屿、牛田与林墩这些地方的老窝，全都被我们端了。

4 我们又去援助广东。这次的海盗头子叫吴平，虽然不是日本人，却一样作恶多端。我们戚家军与俞大猷将军的军队水陆并进，在梅岭大败倭寇，最后在南澳岛将他们全部剿灭。

在抗倭战争中，戚继光展现出了卓越的军事才能与坚强意志。他率领的戚家军军纪严明，作战勇猛，在抗倭战斗中，屡战屡胜，成功地将倭寇驱逐出我国沿海地区，使当地百姓免受倭患的侵害，对明朝东南海防的稳定做出了重要贡献。同时，戚继光抗倭战争的胜利，增强了国人对抗击侵略的信心和斗志。戚继光的英雄事迹，为后来的反侵略战争树立了良好的榜样。

🔍 历史小百科

对付倭刀的专用武器

狼筅又名龙宪，是戚家军使用的一种武器。倭寇的军刀比较锋利，明军的兵器总是被日本刀砍断，因此戚继光发明了狼筅。他将毛竹柄增至 5 米长，顶端装上铁枪头；将两旁枝叶进行改造后，灌入桐油，敷上毒药。狼筅因为十分柔韧，不易被倭刀砍断，再加上敷有剧毒，因此成为倭刀的克星。

吴平宝藏的传说

据说，海盗头子吴平曾将搜刮的金银珠宝装了 18 艘船，运到南澳岛，掩埋起来。吴平死后，宝藏下落成了一个谜，许多人在寻找它的具体位置。民间流传着一首诗："水涨淹不着，水涸淹三尺，箭三支，银三碟，金十八坛。"有人说，寻找宝藏的线索就在这首诗里，但是时至今日也没有人破译这首诗的密码。

第十五节

大明朝的回暖之势：
解除海禁

文物档案

名　称：明隆庆青花云龙纹蟋蟀罐

出土地：清宫旧藏

特　点：通体青花装饰，附盖，盖面与外壁均绘双龙戏珠纹。外底署"大明隆庆年造"六字。

收　藏：北京故宫博物院

1567 年，明世宗驾崩，其三子朱载垕（hòu）继位，即明穆宗，年号"隆庆"。明穆宗登基不到一个月，福建巡抚、都御史涂泽民上书请求开设市舶，允许个人出海贸易。明初，明太祖朱元璋曾下禁海令，海民不得私自出海做生意。明穆宗认为解除禁海令有利于经济发展，于是宣布解除海禁，允许个人到海外进行商业贸易，史称"隆庆开关"。明穆宗先是开放福建漳州府月港，设立督饷馆，负责管理私人海外贸易并征税。同时仍然禁止对日本的贸易，出海船只若私自前往日本，将会被判为通倭罪。开关后，明朝的丝织品、瓷器、茶叶、铁器等商品大量销往海外，东南沿海的民间海外贸易进入了一个崭新阶段。这一时期，外国人购买中国商品用的都是白银，以至于大量白银流入中国。

博物馆小剧场　终于可以去海外贸易了

1 我是一个茶叶商。以前海上不太平，经常出现海盗，所以朝廷颁发禁海令，严禁个人出海做生意。如今，海盗、倭寇基本上被肃清了。听说涂御史上书请求开关，真希望皇上能批准呀。

2 太好了！皇上宣布取消禁海令，还开放了福建漳州府月港，我终于可以出海去卖茶叶了。听说很多外国人都喜欢中国茶叶，我要赚大钱啦！港口有督饷馆，出海前，我要先到那里登记，然后交税。

3 手续都办理好了，我装了满满一船的武夷茶，准备出发。日本人对中国的茶最感兴趣，距离也最近，但是朝廷有规定，严禁和日本有贸易往来，我可不能为了赚钱不要命。所以，我决定绕过日本去其他国家碰碰运气。

4 真没想到，中国的商品这么受欢迎。我的茶叶，还有其他商贩的丝绸、瓷器、铁器等，没几天就销售一空。外国人都用白银购买中国商品，所以我们这些商贩都赚了许多白银。

　　隆庆开关之后，中国与世界的各方面联系大大增强。中国商人以个人的身份进行海外贸易，获得了不少经济效益，同时，也带动了整个社会的经济繁荣。通过对外贸易，外国的商品，尤其是西洋火绳枪、红衣大炮等先进武器进入中国，在很大程度上提升了中国的军事力量。此外，还有大量的白银流入中国，促进了明朝商品经济的快速发展。

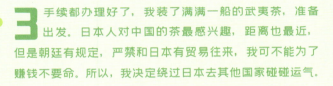

历史小百科

最会做生意的帝王

　　明穆宗朱载坖可以说是中国历史上最会做生意的皇帝。他在位仅6年，却让当时世界上三分之一的白银流入中国。朱载坖是明世宗的第三子，母亲是选秀入宫的平民。朱载坖在父皇与兄长相继过世后，被迫走上皇位。权谋宫斗盛行的明朝，出身并不占优的朱载坖在朝堂上大气都不敢出。可遇到挣钱的事，他却毫不含糊，力排保守派的阻挠，开放福建月港口岸，开展海外贸易，提高了明朝货物的品牌价值，形成货贵而银贱的局面。

自鸣钟首次传入中国

　　明朝的海禁解除后，不仅外国的货物大量流入中国，来到中国的外国人也与日俱增。意大利传教士罗明坚就是这个时候来到中国的。在这之前，由于海禁，来中国的传教士只能在澳门等着。这次，两江总督陈文峰亲自接见了罗明坚，罗明坚将一个自鸣钟表当作贵重礼物送给了陈文峰。据说，这是自鸣钟第一次传入中国。

第十五节

大明朝的回暖之势：与蒙古议和

文物档案

名　称：明代美岱召泰和门石匾

特　点：刻着蒙古族惯用的云纹，铭文以藏、汉两种文字记录了俺答汗被封为顺义王。

收　藏：包头市博物馆

庚戌之变后，由于明朝廷后期不重视，导致与蒙古的互市贸易不到一年就断了。蒙古诸部的需求没有得到满足，又开始侵扰明边境。内阁大臣高拱、张居正等人上奏朝廷，希望恢复通贡互市，缓解蒙汉矛盾，同时也能促进明朝经济发展。

隆庆五年（1571年），明穆宗下诏，恢复通贡互市，封俺答汗为顺义王，俺答汗的弟弟与子侄也都得到封赏。按照双方约定，俺答汗每年向朝廷贡马一次，每次不超过500匹。同时，明朝廷开设互市市场，其中以山西大同的得胜堡马市规模最大。得胜堡是长城关隘，便于蒙汉百姓进行交易。明朝与蒙古的这一次议和，史称"隆庆和议"。

博物馆小剧场　　蒙古俺答汗的心声

1 明朝言而无信，长城边的集市不让开了。我们牧民的生活必需品都是从那个集市买的，现在盐和米都没有了，日子还怎么过？既然他们不想好好交易，那我就派人去抢！

2 通贡互市是我多年的愿望，听说明朝大臣高拱、张居正也赞成此事。看来，他们还有点儿力度。这不，大明皇帝终于下诏恢复通贡互市，还派钦差在得胜堡举行敕封仪式，并封我为顺义王，我对这个结果非常满意！

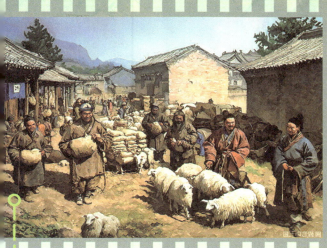

3 钦差大臣走后没多久，贸易市场就重新开放了。明朝人建的款贡城是官市，官员们在那里进行交易。而普通的牧民们要去民市交易，用牛马换盐、米和布料，有时还换一些茶叶和酒。

4 我也遵守信用，按照规定派使臣去北京进贡。不只我们土默特部，别的部落也都进贡。明朝很重视我们，每次都会还礼，礼物除有瓷器、绸缎这些贵重物品外，还有药品、茶叶一类的东西。

　　蒙古诸部因游牧经济模式的局限性，使得牧民们对粮食、布帛、茶叶等生活必需品产生了巨大需求，他们迫切渴望通贡互市。隆庆和议结束了蒙汉连年战争的局面，使得长城内外的百姓安居乐业，边境安宁和平。同时，通贡互市还促进了蒙汉之间的经济和文化交流。两个民族之间的隔阂逐渐消除，为后来的多民族国家建设奠定了基础。

历史小百科

俺答汗画像

得胜堡马市

　　得胜堡是明朝重要的军事要塞，位于今山西省大同市。正统年间，明政府就在得胜口关以北开设马市，但随着蒙古与明政府关系恶化，马市先后中断好几次。"隆庆和议"之后，得胜堡马市再次开放，规模比以往更大，每次开市时都特别热闹。于是，得胜堡便从军事重地成为"茶马古道"的重要据点。

《俺答汗进贡图长卷与表文》

　　《俺答汗进贡图长卷与表文》是反映"隆庆和议"的珍贵文物，目前收藏在俄罗斯圣彼得堡东方文献研究所。文献前半部分是画卷，画的内容是俺答汗进贡使者团前往北京沿途的情景。使者团从呼和浩特出发，途经长城大门、杀胡堡、大同府、居庸关，最后抵达北京。文献后半部分是俺答汗等进呈万历皇帝的表文，使用了蒙汉双语。

第十六节

张居正辅政

文物档案

名　称：明神宗乌纱翼善冠（复制品）
出土地：北京市昌平区定陵
特　点：冠是用细竹丝编制的，金饰件，上面镶着猫眼石、珍珠等。
收　藏：北京定陵博物馆

　　明穆宗朱载垕在位的时候，对才能出众的大学士张居正颇为重视。1572年，明穆宗病逝，其第三子朱翊钧继位，就是明神宗。因为明神宗年幼，根据明穆宗的遗命，由张居正等三位大臣辅政。明神宗即位不久，张居正成为内阁首辅。张居正对内进行了一系列改革。在土地方面，张居正派人清丈全国的土地，以便准确掌握明朝土地与赋税情况。在赋税方面，张居正实施了一条鞭法，将复杂的税制进行简化，把田税、杂税、徭役等各种赋税合成一种税，不再按照人口数目交税，而是依据农民拥有的土地面积来计算，然后用白银进行交税。在整顿吏治上，张居正推行了"考成法"，加强了官吏考核制度。同时，张居正还严厉打击贪污腐败，裁减了大量冗官、冗费。

博物馆小剧场　　张居正的变法之路

1 先皇很器重我，但是他在位仅6年就驾崩了，我们商定的治国方案还都没来得及实施。先皇临终，任命我为辅政大臣，嘱托我辅佐10岁的太子。我不能辜负先皇的信任和嘱托，必将鞠躬尽瘁，死而后已。

2 历朝历代，朝政腐败的根源在于任用了大批庸碌无为的官员。所以，我的改革必须从吏治下手。凡是不能胜任工作的官员，一律罢免。同时，我提拔了一批有真正才干的人，因为国家的发展离不开人才。

3 国家财政上的困境，我认为最重要的原因，是贵族与地主联合起来大量兼并农民土地，然后他们还不交税。所以我决定重新进行一次全国性的清丈土地，把权贵手里多余的土地清查出来，杜绝偷税漏税问题。

4 相对于地主和贵族，我更担心农民。各种苛捐杂税，让农民的生活越来越艰辛，如果不改变，他们难免会造反。经过一番深思熟虑，我改革了赋税制度，把所有税合并在一起，以减轻农民的负担。

　　我们可以感受到，明朝已经处于风雨飘摇中，作为内阁首辅的张居正在极力挽救。他通过一系列改革，让官员队伍得以净化，同时增加了国家财政收入。"一条鞭法"在一定程度上减轻了农民负担，促进了货币流通。整体来说，张居正的这次改革，让国家的财政危机得到缓解，促进了明朝社会经济的发展和变革，对后世的改革具有重要的启示作用。

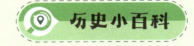

历史小百科

张居正的超级大轿

　　据说，张居正一面要求严惩贪官污吏，一面自己又过着极度奢侈的生活。万历六年（1578 年），张居正回湖北老家，途经真定府时，当地知府给他做了一项超级大轿。这顶轿子需要 32 个人一起抬，而皇帝的轿子最多才 16 人抬。这顶轿子轿内十分宽敞，有卧室，还有客厅。轿子两旁还设有走廊，以供张居正观赏沿途风景。

张居正的"一条鞭法"

　　在明神宗之前，明朝的农业税按家中成年男丁人数征收。明朝中后期，土地兼并严重，很多农民家中有男丁却没有地，导致没有钱缴纳赋税。根据这种情况，顺天府、苏州等地相继出台"以田为母，以户为子""钢银""一串铃"等征税办法，张居正集各家所长，将田赋、徭役、杂税等合并成一条，计算税额，量地计丁。这一灵活的税收办法既增加了国家税收，又减轻了农民负担，很快在全国得到推广。

第十七节

走向极端的万历皇帝

万历十年（1582 年）六月，内阁首辅张居正病逝。一开始，明神宗朱翊钧对张居正的死表现出悲痛，下令辍朝一天，赏丧银 500 两，还赐谥号"文忠"，赠"上国柱"。但没多久，明神宗便下诏以张居正结党营私、贪污腐败之名抄了张居正的家，并将他的家属全都流放，甚至还想打开张居正的棺材鞭尸。明神宗泄愤后，以为自此以后便不会再有人反对自己，没想到在立储问题上碰了壁。明神宗本想立宠爱的郑贵妃之子朱常洵为太子，但群臣强烈反对，他只好改立朱常洛为太子。不过从此以后，明神宗对群臣极度不满与厌恶，30 年不再上朝。由于明神宗的怠政，使得朝局陷入混乱，接连发生梃击案等政治案件，但明神宗始终不闻不问。

博物馆小剧场　　万历皇帝的内心世界

1 刚登基时，我才 10 岁。父皇和母后都很信任张居正，所以朝中大事都是他说了算。张居正对我很严厉，每天都让我读书、学习。母后还给我讲了许多历史典故，暗示我，假如不听话，就会被张居正废掉皇位。

2 张居正死了，我终于可以成为一个真正的皇帝了。大臣们可能猜到我对张居正很不满，纷纷上书揭发他。没想到，他天天让我节俭，自己却是个大贪官。我派锦衣卫抄了他的家，还把他的家人全都发配边关。

3 我本以为，没了张居正，朝中大事全由我说了算。没想到，我想立我最宠爱的儿子当太子都不行。大臣们都认为朱常洛是长子，应该立他为太子。我抗争了十多年都没成功！

4 这个皇帝当得真不顺心，年纪小的时候要听张居正的，现在成人了，还要受到那些老古董大臣的胁迫，什么都不能自己做主。这个皇帝当得还有什么意义？而我的身体也越来越糟。算了，这朝政，我不管了！

　　通过这个小剧场，我们能感受到明神宗内心的煎熬。他对张居正的感情非常复杂，有尊敬有惧怕，有忍耐也有痛恨，所以才有了他前后不一的做法。张居正的一系列改革，让政府财政危机得到缓解，官员腐败现象减少，农业发展也很乐观，整个明朝正走在复苏的道路上。然而，明神宗怠政 30 年，让明朝再次陷入危机之中，使得社会动荡不安，明朝在覆亡的道路上越走越远。

历史小百科

梃击案

　　梃击案是万历年间一起刺杀太子的政治事件。一天，一个叫张差的人手持木棒，闯入太子朱常洛的居所慈庆宫，意图袭击太子。幸好他被及时擒住，才没让太子受到伤害。审问时，张差说是郑贵妃手下的太监引他入宫的。有人怀疑郑贵妃是主谋，但明神宗不想深究，以疯癫奸徒罪将张差处决。

死后多年被追封的皇后

　　明孝靖皇后是太子朱常洛的生母，由于出身低微，受到皇上的冷落，只被封为恭妃。恭妃死后，葬在明帝陵区东井左侧吉地。明熹宗登基后，重新追谥祖母为"孝靖温懿敬让贞慈参天胤圣皇太后"，并且迁葬定陵。1956年出土的皇后凤冠，便是在那时候放入棺木中的。

第十八节

三场战争

文物档案

名　　称：《平番得胜图》（局部）
特　　点：为明神宗万历年间所作。是一幅反映明军平定西北蛮夷叛乱的画卷，全图共 14 幅画面。
收　　藏：中国国家博物馆

1592 年，蒙古鞑靼部降将哱（bō）拜杀死宁夏巡抚，起兵造反。明神宗任命原宁夏总兵李成梁之子李如松出任宁夏总兵，又任命浙江道御史梅国桢（zhēn）为监军，同时调集辽东、大同、浙、苗等多路队伍，一起攻破宁夏。哱拜兵败自杀，叛乱被平息。同年，日本的野心家丰臣秀吉率兵 14 万入侵朝鲜。丰臣秀吉的计划是先灭朝鲜，再征服中国。明神宗受朝鲜王的请求，派遣李如松与兵部侍郎宋应昌，率领 4 万多人奔赴朝鲜，最终将日本人赶出了朝鲜。1593 年，播州宣慰司使杨应龙公开作乱。明神宗任命李化龙为三省总督，前往平叛。李化龙率领明军兵分八路攻打播州，经过 4 个月的讨伐，大败杨应龙叛军。杨应龙自杀身亡。

博物馆小剧场　　两败俱伤的战争

1 哱拜竟然在宁夏造反。他本是鞑靼人，后来归降我大明。我还挺器重他，没想到养虎为患。宁夏是抵抗鞑靼的重镇，我派李如松去平乱，虽然胜利了，但损失也挺惨重。我真的不想再打仗了。

2 日本的丰臣秀吉发兵朝鲜，我原本觉得事不关己，可大臣们却认为丰臣秀吉真正的目标是我们明朝。我觉得他们分析得有道理，派辽东总兵李如松去支援朝鲜，阻止丰臣秀吉。

3 我虽然不想打仗，但是有的战争却避无可避。这不，播州宣慰司使杨应龙竟然也造反了。我要是不派兵平乱，他都想把大明江山推翻。唉，这次我派了李化龙去，打了几个月，终于平息了叛乱。

4 前后三场战争，尽管我大明军队都取得了胜利，可我实在高兴不起来。我很清楚，这几场战争耗费了太多的银子，国库都快空了，而且人力、物力都没少耗费，这样下去，大明王朝会被拖垮的，希望今后再也别打仗了。

　　万历年间，明政府通过几场战争，平叛内乱，击退外敌，一面使边疆稳定，保卫了国土安全，一面清除了国内的不安定因素，稳固了朱氏的统治。三场战争虽然都取得了胜利，但带来的损失也是巨大的，耗费了大量的财力、物力、人力。据史籍记载，三场战争的军事开支高达 1160 余万两白银。这让明朝从经济上陷入了前所未有的困境，加速了明朝的衰落。

 历史小百科

最早的中文世界地图

　　就在明朝军队平息鞑靼部叛乱和援助朝鲜抗击日本时，有个外国的传教士，足迹遍布澳门、肇庆、韶州、南昌、南京、北京等地。他就是利玛窦，曾受到明神宗的接见。利玛窦不仅积极传教，还绘制了世界地图。1609 年，利玛窦在广东肇庆绘制完成《山海舆地全图》，这是世界历史上最早的中文世界地图之一。

灭虏炮

　　中日两国在朝鲜的战争中，各自都投入最先进的武器。《经略复国要编》中记载，明军的火器有大将军炮、灭虏炮、虎蹲炮等多种火力威猛的武器。其中，灭虏炮是一种车载火炮，铜铸的炮身，重 95 斤，一辆车能装 3 门灭虏炮，该炮发射的是铅制霰弹，杀伤力很大，在当时属于最先进的武器，在明后期的战争中频繁上阵。

第十九节

旷日持久的东林党争

　　1604年，顾宪成等人建立东林书院，与高攀龙、钱一本等人在书院讲学。这些江南的知识分子讲学议政，逐渐形成一个政治集团，被称作东林党。他们抨击朝政，要求开放言路，反对当朝权贵独断专权。东林党人的行为引来许多敌对势力，其中以浙江人组成的浙党势力最大。浙党的首领沈一贯、方从哲先后做过内阁首辅。1620年，明神宗驾崩，其长子朱常洛继位，就是明光宗。但是不到一年时间，明光宗就因药物中毒而丧命。明光宗的长子朱由校登上了皇位，就是明熹宗。明熹宗最初很信任东林党人，任命杨涟（lián）、左光斗等人担任重要职务。后来魏忠贤通过朱由校的乳母客氏赢得明熹宗的信任，掌管东厂。杨涟、左光斗等东林党人先后被杀害。然而，明末的东林党争始终持续不断。

博物馆小剧场　　东林党视角的党派之争

1 我经常去东林书院听顾宪成等人讲学，他们讲得太好了，总是一针见血地指出朝政问题，所以我加入了东林党的队伍。顾大人受推荐任职南京光禄寺少卿，但是他不愿当官，留在书院讲学议政。

2 因为我们东林党人言辞激烈，不畏权贵，所以难免会有政敌。浙党就是我们的头号敌人，他们的领袖是内阁首辅沈一贯。在立储问题上，浙党拥护福王朱常洵，我们则支持皇长子朱常洛。最后我们成功了。

3 遗憾的是，先皇体弱多病，在位没多久就驾崩了。皇长子朱由校即位之初，还很重用我们东林党人，我们都觉得这下朝廷有救了。但是后来，大宦官魏忠贤得势，掌管东厂，我隐隐觉得形势要有大变化了。

4 魏忠贤的势力越来越大，开始迫害我们东林党人了。我的好友杨涟、左光斗都被杀害了。顾大人尽管已经去世，还是被削去了封号。好在，我们一直没有放弃，始终保有实力。

　　顾宪成等人建立东林党的初衷是为了体察民情、及时谏言朝廷对症施策。东林党创立初期，东林党人在朝堂上刚正不阿、针砭时弊，勇敢对抗宦官，表现出读书人的气节，在一定程度上起到了促进朝廷政治清明的作用。然而，后期的东林党人为了自身的利益不断与宦官争权夺利，弄得朝堂乌烟瘴气，朝政更加腐败不堪。可以说，明末阉党祸国，东林党误国，明朝被两股势力渐渐拖入毁灭的旋涡。

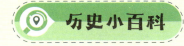

历史小百科

左光斗的狱中家书

　　左光斗是东林党的重要成员，为人刚烈，疾恶如仇。他因为弹劾阉党，得罪了魏忠贤，被诬入狱，最后惨死狱中。左光斗在狱中曾写下很多家书，浙江省博物馆藏有一份"左忠毅公临命家书"拓片，是目前发现的唯一一件与左光斗家书相关的实物。

《东林点将录》

　　左佥（qiān）都御史王绍徽为了讨好魏忠贤，仿照《水浒传》里的一百零八将，将东林党人编成《东林点将录》，不只对应一百零八将的天罡（gāng）地煞排序，还多了一个对应托塔天王的户部尚书李三才。对应宋江的是大学士叶向高。王绍徽写完后，将其呈献给魏忠贤，想让魏忠贤按照这个名录抓人。

第二十节

铲除阉党的斗争

文物档案

名 称：明代魏忠贤钟

特 点：这口钟是为魏忠贤铸造，由于铸造时有设计缺陷，从哪个角度看都是歪的，因此又称歪钟。

收 藏：大钟寺古钟博物馆

　　1627年，明熹宗朱由校驾崩。明熹宗没有儿子，由同父异母的弟弟朱由检继承皇位，年号"崇祯"，他就是明朝最后一个皇帝崇祯帝。崇祯帝在当信王时，就对魏忠贤非常不满，两人形同水火。崇祯帝即位后，在嫂子张皇后的支持下，先是稳住魏忠贤，然后找个借口将客氏赶出宫中。接着，崇祯帝又免去崔呈秀的职务。崔呈秀是魏忠贤的亲信，手握重兵，他一倒台，阉党也就到了末日。然后，崇祯帝一纸诏书贬魏忠贤去凤阳守陵。魏忠贤在去凤阳途中，仍豢养一批亡命之徒，崇祯帝大怒，派锦衣卫抓捕魏忠贤。魏忠贤自知难免一死，在被押回京途中自尽。随后，崇祯帝将阉党260余人，或处死，或遣戍，或禁锢终身，使阉党受到致命打击。同时他平反冤狱，重新起用天启年间被罢黜的官员。

博物馆小剧场　　铲除阉党四步曲

1 我当信王时，就看不惯魏忠贤的嚣张跋扈，可皇兄对魏忠贤言听计从。地方官员巴结魏忠贤，要为他建生祠，皇兄竟然也同意。给一个太监立祠，让皇室的颜面何存？

2 皇兄临终竟然选了我继承皇位，这是我做梦也没想到的事。宫里到处都是魏忠贤的眼线，危机四伏，我随时都会失去皇位。最可恨的是，魏忠贤胆大包天，竟然想毒杀我，幸亏嫂嫂及时提醒我，才让我逃过一劫。

3 阉党势力太大了，嫂嫂建议我先对魏忠贤示弱，我便赏了他许多金钱珠宝、瓷器字画。魏忠贤不再提防我，趁此机会，我以皇兄已死，客氏不宜继续留在宫中为由，清除了魏忠贤在宫里的势力。

4 大臣们似乎猜到我的心思，开始弹劾崔呈秀，我趁机免去崔呈秀兵部尚书的职务，又贬魏忠贤凤阳安置。谁知他仍不老实。我派人抓捕他，他在被押回京路上自杀了！也好，省了不少麻烦！

　　崇祯帝可谓是明朝众多皇帝中年轻有为的一位。他即位之初，勤于政事，生活节俭，曾六下罪己诏。面对强大的阉党，他懂得示弱，然后抓住时机，运用谋略，成功铲除了以魏忠贤为首的阉党。阉党的覆灭，结束了明朝因为宦官干政朝野昏暗混乱的局面，而崇祯帝借此既整顿了明朝的朝纲，又维护了皇权的威严，在一定程度上延长了明朝在历史舞台上的寿命。

历史小百科

崇祯帝的不幸童年

　　尽管崇祯帝志向远大、励精图治，但他为人严苛、敏感多疑，经常滥杀无辜。而他之所以会这样，与他有个不幸的童年有关。据说，朱由检5岁那年，有一天，母亲刘氏不知做错了什么，惹怒明神宗，被活活打死。自此，没有母亲照顾的朱由检，开始了被各嫔妃轮流抚养的日子。虽然朱由检并没有受到什么虐待和不公，但母亲的死一直是朱由检童年的阴影，对他的性格造成了很大影响。

魏忠贤的生祠

　　按中国人传统的习惯，对活人是不建祠、不立碑的，只有死了的人才会在家族祠堂里有个牌位，供后人祭拜。中国历史上，唯一活着的时候就立生祠的，只有明朝的大太监魏忠贤。天启六年（1626年），浙江巡抚潘汝桢为了巴结魏忠贤，给他修建了一座生祠，祠内有用沉香木雕刻的魏忠贤塑像。魏忠贤知道这件事后很高兴，重赏了潘汝桢。从此，各地官员争先恐后地给魏忠贤修建生祠，为他歌功颂德。两年的时间里，全国为魏忠贤建了70多座生祠。

第二十一节

明末最大的冤案

文物档案

名　称：明代《肤公雅奏图诗画卷》局部

特　点：全长 6 米有余，由画心、题诗、题跋三部分组成。赵焞夫绘画，陈子壮、邝露等人题诗。

收　藏：广东省博物馆

　　袁崇焕是进士出身，却善于带兵打仗。他镇守边关时，运筹帷幄，先后在宁远等地打了几场胜仗，连努尔哈赤都惧他三分，清军称他为袁蛮子。后来，袁崇焕受到阉党排挤，辞官回乡。直到崇祯帝登基，袁崇焕才官复原职。最初，崇祯很信任袁崇焕，倚仗他镇守边关。

　　崇祯二年（1629 年），皇太极发兵进攻中原，直逼北京。袁崇焕从辽东率兵赶回，保卫京师。清军节节败退。袁崇焕又派遣部下炮轰清营，使得皇太极不得不下令撤兵。北京之围虽然解了，袁崇焕却被治罪。原来，皇太极知道崇祯帝生性多疑，采用离间计，诬陷袁崇焕暗中投靠了清朝廷。崇祯帝信以为真，将袁崇焕下狱，并凌迟处死。

博物馆小剧场　一个小兵眼中的袁崇焕

1 我一直觉得，袁督师是个大英雄。第一次见到他，是在守宁远城的时候。努尔哈赤统帅的清兵，比我们多出好几倍。可我们在袁督师的指挥下，愣是以少胜多，大败清军。努尔哈赤被炮火击伤，听说回去没多久便病死了。

2 袁督师立了大功，非但没得到封赏，还被阉党排挤。后来，袁督师一怒之下辞了官。再次见到他时，已经是崇祯元年。现在的皇上很重视袁督师，作为他的部下，我们感觉有了主心骨。

3 皇太极带兵围攻北京，袁督师率领我们去解围。谁知，我们到了城下，皇上却不让进城。我们便在城外打退了皇太极的军队。我们还没来得及高兴，就听到谣言，说袁督师与皇太极串通。皇上竟然将袁督师抓了起来。

4 我们一直盼着朝廷能查明真相，将袁督师放出来。谁料，却传来袁督师被凌迟的消息。行刑那天，北京城的老百姓怒骂袁督师是卖国贼。袁督师真冤枉，一代英雄却落个如此下场。

袁崇焕是明末杰出的将领，具有卓越的军事才能，在辽东多次击败后金的入侵，为明朝边境安全立下了赫赫战功，是大明江山存亡的关键人物。可惜的是，崇祯帝听信谣言，凌迟处死袁崇焕。袁崇焕被抄家时，身为重臣，家中甚至没有多余钱财。袁崇焕死后，明朝的形势愈发严峻，辽东边境岌岌可危，明朝廷再无人可抵抗后金的铁蹄入侵。

📍 历史小百科

《肤公雅奏诗画卷》的来历

崇祯元年（1628 年），袁崇焕官复原职，岭南名士们为他举办了一场饯行的雅集，祝贺他东山再起。雅集上，赵焞夫当场绘画，陈子壮、邝露等 19 位名士在画上题诗，这就是明末岭南雅集诗书画合卷中最著名的《肤公雅奏诗画卷》。画中，袁崇焕告别亲朋好友，在江边的码头上，意气风发地乘舟赴京就任。

余家为袁崇焕守墓 300 年

袁崇焕死后，袁崇焕手下一名部将不希望一代英雄连个安葬的地方都没有，便冒死盗走袁崇焕的头颅，葬在北京广渠门一带。这位部将姓佘（shé），老家在广东。他不仅自己为袁督师守墓，还立下祖训：佘氏子孙今后不许南下回乡，代代都为袁崇焕守墓。

第二十二节

明末李自成起义

文物档案

名　称："工政府屯田清吏司契"铜印
出土地：北京市王府井
特　点：李自成建立的大顺政权铸造的印信，也是专理屯田事宜的政府职能凭证。
收　藏：中国国家博物馆

崇祯年间，陕北地区干旱成灾，朝廷却毫无作为，走投无路的农民纷纷起义。农民出身的李自成最先加入了不沾泥的起义军，后来又投奔舅父高迎祥。1636年，高迎祥战败被杀，李自成因有勇有谋被推为闯王。他提出了"均田免赋"等口号，深得民心。1644年，李自成攻下西安，在西安称帝，国号"大顺"。另一个起义军领袖张献忠，同年也在成都建国。这一年二月，李自成进军北京。崇祯帝见大势已去，在煤山自缢身亡。至此，明朝灭亡。起义军攻下北京后，在城内烧杀抢掠，大将刘宗敏还霸占了吴三桂的爱妾陈圆圆。吴三桂当时镇守山海关，一怒之下投奔清朝廷，打开城门放清军入关。起义军抵挡不住清军，李自成被迫撤离北京。1645年，李自成兵败湖北九宫山，被杀。

博物馆小剧场 　闯王进京日记

1 陕北大旱，朝廷不但不积极赈灾，还征收各种名目的税。无路可走的我加入了不沾泥的起义军。没多久，不沾泥就被朝廷招安了。我又加入舅父高迎祥的义军。我们的队伍越来越壮大。

2 就在我们的势头越来越盛的时候，舅父被俘，惨遭杀害。他的部下们觉得我有勇有谋，于是推选我做闯王。我也没推让，还提出了"均田免赋"的口号！大家都很支持我，我在义军中的地位越来越高。

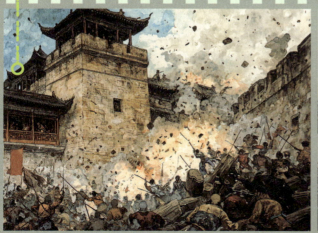

3 只有张献忠对我不服气，我们最终分道扬镳。他带兵去打四川，我去打西安。西安攻下来后，我做了皇帝。登基没多久，我便率兵进军北京。还没开打，大明官员就打开城门投降了。

4 没想到满洲人要来跟我争天下。都怪宗敏，非抢人家小妾。这下好了，吴三桂把满洲人引了进来。北京看来是守不住了。上次我在西安称帝，不正规，我赶紧补办了一次登基大典，然后还是撤走吧。

　　明朝末年朝廷腐败不堪，社会矛盾激烈，农民起义应运而生。李自成的起义队伍靠分田免税的方式发展壮大，最终建立大顺政权。但由于他的队伍缺乏正规的训练与严格的军纪，在占领的城内烧杀劫掠。而李自成当上皇帝后，贪图享乐，排斥忠良，导致决策接连失误，逐渐失去了民心，以至于最后落得个兵败身死的下场。但李自成起义推翻了明末腐败的朝廷，推动了中国历史的进程。

历史小百科

短暂出现的造反钱

　　李自成攻占西安后，在西安建立大顺政权。他登基没多久，便下令铸造铜钱。这种铜钱又称造反钱，上面刻着"永昌通宝"四个字，寓意着永代昌盛。但是没多久，清军入关，天下大势发生变化，李自成战死在九宫山。大顺王朝在历史上只是昙花一现，永昌通宝也被永久销毁。

荒年志碑上的真实记录

　　1957年，在河南省内黄县发现一座碑，碑上记述了明末河南地区发生的各种灾情，以及民不聊生的悲惨状况。碑文上还写着李自成的义军在河南的活动情况。这块碑被称作荒年志碑，如实反映了那一段历史时期民间百姓的真实生活，这也是李自成等人造反的起因。

第二章

中国最后一个王朝的兴亡

第一节

努尔哈赤建立后金

文物档案

名　　称：后金天命八年（1623年）云板
出土地：辽宁省海城市
特　　点：作战时用来报事的工具。生铁浇筑而成，上、下部分均呈云朵形状。
收　　藏：沈阳故宫博物院

努尔哈赤全名爱新觉罗·努尔哈赤，出生在赫图阿拉（今辽宁省新宾县境内）建州左卫一个小部酋长的家里。他因为有勇有谋，在建州女真部威望很高。1583年，努尔哈赤的祖父与父亲在古勒山城被明军误杀。努尔哈赤便以报仇为名起兵，一举攻下了图伦城。1593年，努尔哈赤率兵击败海西女真叶赫部首领统率的联军，势力越来越大。之后，他吞并了哈达部落、海西女真与东海女真，统一了整个女真部落。1616年，努尔哈赤在赫图阿拉城建立后金政权，年号"天命"。登基后，努尔哈赤公开宣布"七大恨"祭告天地，表明自己对明政府的痛恨，随后起兵反明。在1619年的萨尔浒之战中，24万明朝军队全军覆没，从此，后金政权成了大明王朝的心腹大患。

博物馆小剧场　努尔哈赤的复仇计划

1 我本不想造反，但明朝廷欺人太甚。明军攻打古勒山城，我的祖父与父亲去调和，竟然被杀了。这个仇我必须报！图伦城主尼堪外兰助纣为虐，所以，我第一个灭的就是图伦城。

2 我很清楚，自己的实力目前无法与明朝廷抗衡。所以我第一步要做的就是统一整个女真部落，壮大自己的势力范围。经过多年的征战，我把海西女真、东海女真这些劲敌都吞并了，又建立了八旗，时机终于成熟了。

3 大年初一是个好日子，我登基做了皇帝，建立了后金。我的几个孩子代善、阿敏、莽古尔泰、皇太极都被封为和硕贝勒。为了激发将士们的斗志，我公开宣布"七大恨"祭告天地，表达反明的决心。

4 趁明朝廷党争激烈、防务松弛，我决定对明用兵。起初，我们虽然受到一些阻碍，但成功攻破抚顺、清河等地。在萨尔浒之战中，我采取集中兵力、各个击破的方针，歼灭明军主力约5万人，大获全胜！

　　为报家仇，同时达到反抗明朝的目的，努尔哈赤兼并了海西女真和东海女真等女真部落，建立后金，积聚了足以与明朝对抗的力量。之后，努尔哈赤在对明作战中，采取灵活而有效的方针，不仅侵占了明朝的地盘，还在萨尔浒之战中全歼明军主力。萨尔浒之战是明清兴亡史上一次具有决定意义的战争，也是以少胜多的典型战例。自此之后，明朝的灭亡已成为不可扭转的必然趋势。

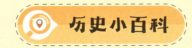

历史小百科

满族八旗制度的建立

　　后金建国前，努尔哈赤在女真族建立了八旗，分别是正黄旗、镶黄旗、正白旗、镶白旗、正红旗、镶红旗、正蓝旗、镶蓝旗。八旗等级制度非常严格，无论官职多高，都要听命旗主。女真人崇尚黄色，所以正黄旗、镶黄旗最尊贵，级别也最高，由努尔哈赤亲自统领。

努尔哈赤的家仇从何而来？

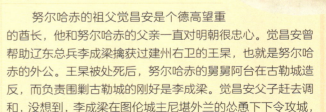

　　努尔哈赤的祖父觉昌安是个德高望重的酋长，他和努尔哈赤的父亲一直对明朝很忠心。觉昌安曾帮助辽东总兵李成梁擒获过建州右卫的王杲，也就是努尔哈赤的外公。王杲被处死后，努尔哈赤的舅舅阿台在古勒城造反，而负责围剿古勒城的刚好是李成梁。觉昌安父子赶去调和，没想到，李成梁在图伦城主尼堪外兰的怂恿下下令攻城，使得觉昌安父子死于明军的炮火之中。

第二节

皇太极图谋中原

文物档案

名　称：清皇太极御用腰刀
特　点：皇太极御用之物。长约1米，为精钢打造。刀锋略呈弧形，外部包裹黑色鲨鱼皮，铜质横箍上饰以鎏金镂空花卉纹。
收　藏：沈阳故宫博物院

　　1626年，努尔哈赤去世，其第八子皇太极被推举承袭汗位。皇太极即位后，铲除了威胁汗位的三大贝勒势力，仿明制设内三院、六部，又设都察院和理藩院，集中了汗权，加强了专制统治。为了扩大兵源，他创立汉军八旗和蒙古八旗。1635年，皇太极平定察哈尔部，统一了漠南蒙古，同年，皇太极下令满人所在区域统称为满洲。第二年，皇太极正式称帝，改国号大清。为了避免后顾之忧，皇太极两次对朝鲜发兵，朝鲜国王李倧（zōng）被迫投降，将王子送到沈阳作为人质。1640年，皇太极亲自坐镇指挥，攻打锦州。镇守锦州的是明朝名将祖大寿，明朝又派蓟辽总督洪承畴率13万大军增援锦州。皇太极用了两年时间才攻下锦州。从此，明朝在关外只剩下宁远一座孤城。

博物馆小剧场　　皇太极的野心

1 我知道，皇阿玛最初并没有想消灭明朝。他以"七大恨"为由攻打明朝，只不过是为曾祖父和祖父报仇。没想到明朝那么弱，一点儿不扛打。现在我继承了汗位，可不能放过这入主中原的好机会。

2 在进兵中原之前，我要先解决掉蒙古和朝鲜，免得有后顾之忧。我派多尔衮去征讨蒙古察哈尔部。我这个弟弟英勇善战，不仅将察哈尔部灭了，还在察哈尔部找到了传国玉玺。我不称帝还等什么？

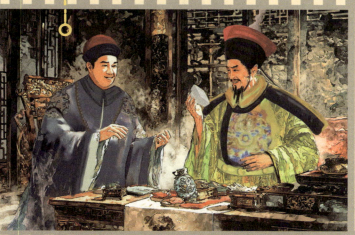

3 我决定亲自率兵攻打朝鲜。这些高丽后裔哪里是我们女真人的对手？没打几场仗，朝鲜国王李倧就投降了。我让李倧和明朝廷断交，并将他儿子送到沈阳当人质。李倧全都照办了。现在，就差最后一步了！

4 长城这工程真的很强大，不能强取硬攻。我决定先将锦州攻下来。没想到，明朝廷又增派了13万大军增援。好吧，这一仗打了两年，真的太不容易了！接下来，我就可以入主中原了。

皇太极具有卓越的军事才能与战略眼光，他征服了朝鲜与漠南蒙古，解除了入主中原的后顾之忧；又在锦州大获全胜，攻破了明朝在辽东的防线。这几场战役，为大清王朝的建立奠定了坚实的基础。皇太极改女真族名为满洲，收服蒙地、汉地，并在北京称帝，使统一的华夏文明得以一脉延续。他又主导改良红衣大炮，使清朝主要火器威力大增，为后来清朝版图的扩张与平藩创造了条件。

历史小百科

皇太极的鹿角椅

据《清太宗实录》记载：1631年，皇太极领兵攻打辽西的大凌河城，他在山上的军营里指挥战斗。清兵攻城时，红衣大炮不停地轰隆隆作响，山里的一只鹿受惊，误打误撞冲进皇太极的大帐内，亲兵们立即将鹿抓住了。皇太极觉得这是个吉兆，便将鹿角带回宫里，制成了一把鹿角椅。

文武兼备的皇太极

皇太极是努尔哈赤的第八个儿子。他5岁开始学习骑马射箭，凭借过人的天赋，七八岁时便能驰骋山林，挽弓射猎。在习武的同时，皇太极学习文化也很刻苦，一面学习满文，一面学习汉文，还阅读了大量书籍。皇太极20岁开始，随父亲征战，东征西讨，屡立战功。皇太极随身佩带的御用宝刀，从少年时期就陪伴着他，一直到他坐上开国皇帝的宝座。

第三节

清王朝定都北京

文物档案

名　称：清顺治青花花鸟纹盖罐

特　点：短颈，圆腹，伞形盖。盖面绘着牡丹、竹、菊等图案，器身一面绘长尾锦鸡，一面绘竹雀纹。

收　藏：北京故宫博物院

　　1644年，皇太极驾崩，他的第九个儿子福临继位，即顺治帝。顺治帝刚继位的时候只有6岁，所以由叔父和硕睿亲王多尔衮摄政。李自成撤离北京后，率先到达北京的多尔衮决定迁都北京。阿济格等大臣反对迁都，他们认为定都北京清军将会出现补给不足等情况。但是，多尔衮坚持己见。八月，顺治帝与孝庄皇太后在群臣的陪同下，离开盛京，迁往北京。迁都没多久，顺治帝便在皇极门（今太和门）举行了登基大典，同时宣布定都北京。多尔衮以摄政王的身份管理朝中大小事务。他有心笼络汉族地主阶级，不仅为崇祯帝发丧，还下令保护明陵，重用明朝降官洪承畴等人。此外，多尔衮颁布了三道命令，让百姓剃发留辫子，改穿满洲人的服饰，汉族女人禁止缠足。

博物馆小剧场　　6岁小皇帝的心思

1 父皇死了，母后一直在哭，我的心里也难过。多尔衮叔叔来了，让我当皇帝，他来帮我。当上皇帝就能像父皇那样威风，可以管很多人。虽然我还小，但这是我的职责，我必须答应。

2 多尔衮叔叔从北京回来后，说要将北京作为都城。满族的大臣大多不同意，但母后支持多尔衮叔叔。她说，搬到北京后，不仅便于管理满人，还能更好地管理汉人。这样多好，我也支持多尔衮叔叔。

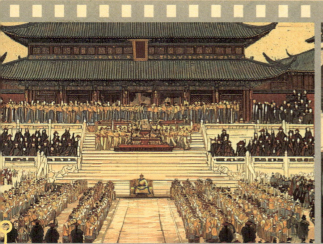
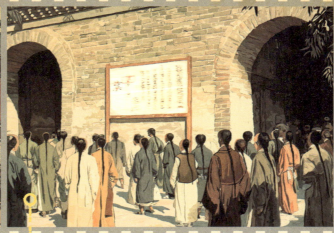

3 我们最终搬到了北京。到北京没多久，多尔衮叔叔就在皇极门给我举办了隆重的登基大典。大家都表情严肃，还一起朝我下跪。做皇帝真好，就是没时间玩。

4 到北京后，多尔衮叔叔特别忙，好多事都要来问我。比如，如何给明朝的皇帝发丧，派兵保护明朝的皇陵，让汉人全都剃发留辫子、穿我们满洲人的服装，等等。我懂得不多，所以就听多尔衮叔叔的好了。

6岁的顺治帝原本还是个天真无邪的孩子，却因为生在皇族承受着与年纪不相符的责任，而在他的懵懂之间，全新的满清历史正式开启。好在有多尔衮的辅佐，让他从一个不知所措的孩童一步步进入皇帝的角色。多尔衮不顾众人反对，毅然迁都北京，这是他在经过深思熟虑之后做出的决定。事实也证明，定都北京，在政治、经济和军事上都具有深远的意义。

历史小百科

顺治儿时的玩具

顺治帝6岁登基，由叔叔多尔衮摄政。尽管顺治帝贵为一国之君，但毕竟还是个孩子。沈阳故宫博物院珍藏着一件文物，就是顺治帝小时候的玩具。满洲人喜爱骑射，顺治帝的玩具是一张牛角桦皮小弓，是用来练习射箭的。弓由椴木、桦木、牛角等材料制成，牢固而精致。

剃发令

男人留辫子是满族的习俗，而明朝男子不留辫子，他们将头发绾起来，称为束发。顺治二年（1645年），多尔衮在北京发布了一道剃发令，明确规定，以10日为期限，京城内外的汉族男子全部剃发，如果有不服从的人，一律杀无赦。从此，无论满汉，男子都必须剃发留辫子。

第四节

充满传奇色彩的摄政王

多尔衮是努尔哈赤的第十四子。他自 17 岁起便随同皇太极南征北战，征讨蒙古、朝鲜与明朝。因军功卓著，多尔衮被赐号"墨尔根戴青"，成为正白旗的旗主。1635 年，多尔衮率八旗军成功降伏漠南蒙古最强大的察哈尔部，并因战功于第二年被封为"和硕睿亲王"。1644 年，多尔衮率军入关，打败李自成，进入北京。顺治帝登基后，多尔衮以摄政王的身份掌管朝政，派多铎清剿明朝残余力量，还铲除了政敌豪格。政治上，以六部为最重要的国家权力机关，并实行满汉分任制度；重用汉官范文程、洪承畴、冯铨等人，将内三院改为内阁，设大学士，行使原先明内阁的职责。经济上，颁布了《大清永历新政十二条》和《七事施行律例》，减免税收和赋役，减轻农民的负担，保护商人的利益。

博物馆小剧场　　多尔衮的皇帝梦

1 17 岁那年，我第一次追随皇兄出征，讨伐蒙古察哈尔部。24 岁那年，我又跟随皇兄去打朝鲜。因为我作战勇猛，所以皇兄经常夸赞我。我对皇兄一直很崇拜，想象着能像他一样君临天下。

2 皇兄暴毙，我的机会来了，却没想到蹦出个豪格，他是皇兄的长子，也有继承资格。我们的实力相当，一时之间僵持不下。最后，我扶持只有 6 岁的福临继位，自己当摄政王。尽管我没当上皇帝，但大权在握。

3 皇兄一直想入主中原，我完成了他的遗愿，打败李自成，迁都到北京。明朝余孽还在南方，我派多铎去清剿。对内管理上，我觉得收买民心很重要，所以下令免了不少税赋。

4 豪格的势力越来越强大，自从灭了张献忠后，他更加狂妄了。我用计削去了豪格的爵位，把他关进大牢，没多久他就死在了牢中。这回我彻底放心了，皇位早晚是我的。

通过这个小剧场，你是否感受到多尔衮的勃勃野心？他虽然战功赫赫，为清朝入主中原做过很多贡献，但是为了权力，他杀死自己的亲侄子豪格，还促成"扬州十日"等惨无人道的屠杀。在多尔衮的控制下，顺治帝就是个傀儡皇帝。直到他死后，顺治帝才得以真正执政。作为一个在中国历史上不可忽视的角色，多尔衮是功过皆有的，我们必须客观评价他。

史可法纪念馆

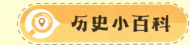

历史小百科

扬州屠城

　　史可法纪念馆位于扬州市广储门外街，是为纪念明末抗清英雄史可法修建的。明朝灭亡后，史可法拥立福王朱由崧（sōng）做皇帝，在扬州抗击多铎亲王率领的清军。最后，扬州失守，史可法因拒绝投降被杀。扬州攻下来后，多铎亲王下令屠城 10 天，扬州居民死伤无数，惨不忍睹，后人称这一历史事件为"扬州十日"。

顺治帝的反击

　　1650 年，摄政王多尔衮猝死于去狩猎的途中。顺治帝为多尔衮举行了盛大的葬礼。但是两个月后，顺治帝便剥夺了多尔衮的封号与爵位，挖坟掘墓，并且恢复了豪格的爵位。由此可以看出，顺治帝对多尔衮的憎恨。那么，也由此引发了历史未解之谜，就是多尔衮的死，是否与顺治帝有关呢？

第五节

西藏喇嘛入京

文物档案

名　称：清顺治帝赐给五世达赖喇嘛的金印

特　点：是五世达赖喇嘛的印信，纯金打造，云形纽，上面有满、汉、蒙、藏 4 种文字。

收　藏：西藏博物馆

　　多尔衮摄政期间，曾多次派遣使者入藏，赏赐五世达赖礼物，借此表示友好。五世达赖也希望得到清朝皇帝的认可和册封，这样他才能真正成为西藏的地方统治者，因此多次向顺治帝献礼、问安。顺治九年（1652 年），五世达赖在清朝官员的陪同下，率随行 3000 人自西藏起程前往内地，最终于次年一月到达北京。顺治帝在京城外南苑猎场隆重接见了五世达赖。五世达赖留居北京期间，被安置在专门为他修建的西黄寺中。这一次会晤后，顺治帝派人赐予五世达赖金册与金印，上面写着满、汉、蒙、藏 4 种文字，正式确立了五世达赖喇嘛的名号，以及他在西藏的统治地位。这是清朝第一次册封达赖喇嘛。

博物馆小剧场　达赖的赴京之旅

1 真没想到，清朝皇帝竟然四次派人邀请我们达赖进京。这次，达赖没有推托，认真地做起了进京的准备。其实达赖很清楚，只有得到清朝皇帝的册封，他才能成为西藏的真正领袖。

2 达赖组建了一个 3000 人的出使师团，嘿嘿，我也在其中。为了表达对清朝皇帝的敬意，达赖还让能工巧匠打造了许多礼品。一切准备就绪后，我们在清朝官员的陪同下，浩浩荡荡地朝北京出发了。

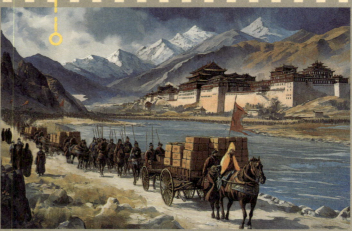

3 北京比我想象的还大，热闹非凡。顺治帝在京城外的南苑接见了我们。他的年纪不大，好像都不到 20 岁。能感觉出来，他非常重视这次会面，仪式很隆重。当然，达赖也表达了充分的尊重。

4 晚上，我们住在西黄寺。这是专门为我们达赖修建的寺院，特别大，看来清朝皇帝真的很重视我们。达赖如愿获得了册封，还得到了一枚专用金印。这次回去，看谁还不服气！

　　达赖喇嘛是西藏地区最高的宗教领袖之一。顺治帝册封五世达赖喇嘛，并在北京为他建造庙宇，这些做法明确了达赖喇嘛在西藏的身份地位，加深了藏族民众的内部团结，使西藏地区混乱不堪的局面逐渐稳定，也促进了藏族地区与中原的融合。自五世达赖喇嘛接受顺治帝册封后，清政府对各转世达赖喇嘛的册封一直延续到清朝灭亡。

历史小百科

五世达赖夺权

　　明朝末年，噶举派法王和藏巴汗控制着西藏，五世达赖受到了不少迫害，甚至曾躲到山里。1641 年，五世达赖与四世班禅进行商议，派人到青海借兵。蒙古的固始汗率军赶来，协助五世达赖推翻了噶举派法王和藏巴汗的统治，五世达赖这才建立了噶丹颇章王朝。

顺治帝建西黄寺

　　西黄寺又称达赖庙，地处现在的北京朝阳区。清朝初年，五世达赖进京前，顺治帝下令修建了一座庙，作为达赖进京后的驻地。这座寺庙就是西黄寺，寺内有正殿、前殿、牌坊、钟鼓楼等建筑。

第六节

闭关锁国的禁海令

清朝初年，郑成功在沿海一带对抗清廷，接连打了数次胜仗。1656年，顺治帝颁布《禁海令》，规定天津至广东沿海，无论商船还是民船都严禁私自入海，不许进行任何海上贸易。沿海各个能泊船的港口都有清军把守，如有人违反《禁海令》，一律被处以极刑。《禁海令》的颁布，主要是想断绝郑成功军队的物资来源，但是也因此切断了清朝与海外各国的海上贸易往来。1659年，郑成功的水师攻陷江南重镇镇江，险些攻下南京，使得清朝廷成了惊弓之鸟。1661，清朝廷又颁布《迁海令》，强令江南、浙江、福建、广东等地沿海居民向内陆迁移30到50里，进一步隔绝郑成功一方与大清百姓的关联。

博物馆小剧场　　讨厌的禁海令

1 又打仗了，郑成功的水师与朝廷军队开战。世道不太平，又不能出海了。我是一个商人，之前经常从国内运一些瓷器与布料到国外，再从国外运回香料什么的，生意还不错。但是最近听说，朝廷要封海，不知是真是假。

2 朝廷正式颁布了《禁海令》，严禁各种船只出海。违反《禁海令》者，将会掉脑袋。朝廷这么做，是想切断郑成功军队的物资来源。可是，对我们老百姓来说，尤其是那些靠打鱼为生的百姓，这简直是断了大家的生路呀！

3 生意在国内真的不太好做，所以我一直关注局势，希望哪天能够再次出海。听说，郑成功挥师北伐，差点儿攻下南京。虽然最后朝廷的军队转败为胜，将郑家军赶跑，但是朝廷似乎害怕郑家军卷土重来，对海岸的把守更加严密了！

4 我的希望落空了。朝廷不仅没有取消《禁海令》的意思，又颁布了《迁海令》，把沿海的居民都迁到内地，至少要迁移 30 里。没生意可做，我们已经够难了，再背井离乡，今后怎么办呢？

　　《禁海令》与《迁海令》实施后，沿海抗清势力的物资供应和情报来源均被切断，导致战斗力削弱。同时，清政府还减少了因走私带来的税收损失。然而，沿海居民却因此生计断绝，被迫迁徙，流离失所，导致社会动荡不安。《禁海令》与《迁海令》虽然在短时间内达到了清朝廷的政治和军事目的，但从长远来看，不仅破坏了沿海地区的经济发展，还影响到清朝在国际上的形象。

🔍 历史小百科

国姓井的传说

　　相传，郑成功有次去军营视察，发现营中没有食用水了。于是，他亲自带着人寻找水源。一天，郑成功见一棵树下蚂蚁成群结队地爬行，便摘下束腰的玉带把蚁窝围起来，然后让随从由此挖下去，果然挖出水来。人们尊称郑成功为国姓爷，便把他发现的井唤作国姓井。

清初的货币

　　新政权建立后，发展经济至关重要。而发展经济，少不了铸造钱币。清军入关之后，最先做的也是这件事。为了巩固政权，促进经济发展，清政府在北京设中央钱局铸造清专属的铜钱，也就是顺治通宝。铜钱的材质多数是黄铜，基本上还是遵循明朝的制钱工艺。

第七节

康熙帝加强中央集权

文物档案

名 称：清代康熙帝龙袍

特 点：康熙帝穿过的朝服，石青色，纱料，有团龙等纹饰。有披肩和马蹄袖，属于上衣下裳的传统形制。

收 藏：中国国家博物馆

1661 年正月，顺治帝病逝。按照他的遗诏，由年仅 8 岁的三子玄烨继位，他就是康熙帝。因皇帝年幼，顺治帝的遗诏中指派索尼、苏克萨哈、遏必隆、鳌拜四大臣共同辅政。在四位顾命大臣中，数鳌拜的势力最大。他居功自傲，嚣张跋扈，连皇帝都不放在眼里。1667 年，首辅索尼病故。同年，14 岁的康熙帝在太和殿举行亲政大典。鳌拜不服气，没多久便杀害了苏克萨哈，独揽大权。康熙帝以在宫中作扑击之戏的名义，训练了一批武功高强的少年侍卫，之后趁一次鳌拜进见时，令这些少年侍卫将其逮捕。除掉鳌拜一伙之后，为了进一步加强君主集权，康熙帝在宫内设南书房，从翰林院挑选学士到南书房供职，其中包括张英、高士奇等饱学之士。这些学士不只陪同皇帝读书，还参与国家机密大事。

博物馆小剧场　康熙集权计划

1 我登基时，只有 8 岁。皇阿玛安排了索尼、苏克萨哈、遏必隆、鳌拜四位顾命大臣帮我。他们的能力都很出众，只是鳌拜太蛮横无理了，竟不把我放在眼里。

2 我 14 岁了，到了亲政的年龄。尽管鳌拜百般阻拦，但我还是在太和殿举行了亲政典礼。鳌拜一气之下杀了苏克萨哈，企图独揽大权，我岂能让他得逞？我训练了一群少年侍卫，趁鳌拜到御书房见我的时候，一举拿下了鳌拜。

3 除掉了鳌拜，我终于可以亲自管理国家了。但是我渐渐发现，我的很多主张还是无法实现，因为朝廷设有内阁与议政王大臣会议，那些议政王、大学士经常跟我唱反调。作为皇帝，难道要一直这样受人掣肘吗？

4 我设立了南书房，从翰林院选一些有学问的汉人，他们除了和我讨论学问外，还可以议政。最关键的是，他们都听命于我。时间一长，内阁和议政王大臣会议就形同虚设了。

　　康熙帝雄才伟略，在中国历史上的众多帝王中，堪称翘楚。他刚刚亲政，就用计谋除掉了权倾朝野的鳌拜，把权力牢牢握在了自己的手里。后来，他又设立类似于内阁的议政机构南书房。随着南书房权力的增强，内阁、议政王大臣会议的权力逐渐削弱，三者又互相制约，所以，最终的结果是，皇帝的权力越来越大，达到了加强中央集权的目的。

历史小百科

《康熙字典》问世

　　康熙非常重视汉族文化。1710 年，他让南书房大学士陈廷敬等人，开始编撰一部汉字辞书。历经 6 年，汉字辞书编撰完毕，被称作《康熙字典》。全书共分为 12 集，共收录 47 035 个字。该书是中国古代收录汉字最多的一本字典。

六尺巷的故事

　　康熙年间，张英是文华殿大学士之一，经常出入南书房。有一年，在安徽桐城老家的张英家人与邻居吴家因为巷子的问题打官司，张家的人给在京城的张英写信求助。张英给家人回信道："千里家书只为墙，让他三尺又何妨？万里长城今犹在，不见当年秦始皇。"家人看完信后主动让出三尺空地。吴家人很受感动，同样让出三尺，于是就有了现在的桐城六尺巷。

第八节

平定三藩之乱

文物档案

名　称：《董卫国纪功图卷》（局部）

特　点：绘于康熙十六年，是江西画家黄璧所作的一幅纪实性画卷，描述了平叛三藩时的情景。

收　藏：中国国家博物馆

　　清代三藩是指平西王吴三桂、平南王尚可喜与靖南王耿精忠这三个藩王。三藩拥兵自重，无视朝廷，其中数占据云南的吴三桂势力最大。1673年，康熙帝利用尚可喜告老还乡的机会，取消了藩王的世袭制。吴三桂发觉康熙帝有意撤藩，便假意疏请撤藩，没想到康熙帝果断同意。吴三桂干脆起兵造反，自称"天下都招讨兵马大元帅"。耿精忠与尚可喜之子尚之信先后起兵，响应吴三桂。最初，叛军攻占了湖南、江西、浙江等长江以南大部分地区。康熙帝针对严峻的形势，进行作战部署，耿精忠、尚之信先后投降。吴三桂见大势已去，在湖南衡州即位，国号大周。几个月后，吴三桂病死。吴三桂部将迎立吴三桂的孙子吴世璠继位，退居云贵。1681年冬，清军攻破昆明，吴世璠自杀。三藩之乱宣告结束。

博物馆小剧场　　康熙帝毅然撤藩

1 山高皇帝远，这几年吴三桂他们权力大得越来越不受我的控制了。听说，吴三桂不仅在云南招兵买马，还铸造钱币。我再不想办法，估计他们就要惦记上我的皇位了。

2 尚可喜上书告老还乡，想让儿子继承藩王。我告诉他，告老还乡可以，但是藩王不能世袭。吴三桂听到消息后，上书请求撤藩。吴三桂这么做既是试探，也是威胁。这么好的机会，我怎么可能放过？我批准了！

3 没多久，吴三桂就在云南起兵造反，耿精忠与尚可喜的儿子尚之信也跟着反了。他们很快控制了长江以南的大部分地区。大臣们都慌了，想让我收回撤藩的旨意。怎么可能？我心意已决，三藩不灭，大清还会存在吗？

4 在我的精心部署下，三藩的军队始终攻不破长江的防线。随后我派兵反击，耿精忠与尚之信没多久就降了。至于吴三桂，匆匆忙忙当了几天皇帝就死了。剩下那点残余力量，我派兵剿得一干二净。

　　康熙帝铲除鳌拜后，亲政所面临的第一大问题即三藩问题。三藩的设立原本是为了保卫大清边境安全，却不想各藩王拥兵自重，图谋不轨。康熙帝力排众议出兵平藩，虽然经过 8 年的战争才彻底平定，但在这之后，大清朝清除了心腹之患，老百姓也不再受吴三桂、耿精忠这些藩王的欺压，人心归顺，江山稳固，国家呈现出安定祥和的局面。

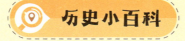

历史小百科

康熙的生日礼物

　　康熙帝 30 岁生日的时候，文武百官为他举办了一个盛大的生日宴，称作万寿宴。宴席上，大臣们进献一个"万寿尊"，这是景德镇特意为康熙帝烧制的，历经 7 年才完成。万寿尊上面有 1 万个"寿"字，寓意万寿无疆。最难得的是，每个寿字的形态都不相同。目前，万寿尊珍藏于北京故宫博物院。

董卫国平乱

　　《董卫国纪功图卷》是康熙年间的一幅纪实性画卷，作者为江西画家黄璧。画这幅画的时候，黄璧已经 71 岁。他听说江西总督在平叛三藩时屡立战功，收复了不少失地，很兴奋。于是，他将董卫国在江西一带平叛的整个过程画了下来。

第九节

清政府收复台湾之战

文物档案

名　称：清代康熙台湾舆图（局部）
特　点：以中国传统山水画技法绘制，是真正反映清朝统一台湾后地理状况的实用地图。
收　藏：台北故宫博物院

1661 年，郑成功率兵从金门出发，率领战船百艘攻打台湾。历经 8 个月，郑成功攻下台湾，迫使荷兰侵略者投降。自此，台湾结束了被荷兰占领 38 年之久的历史。郑成功逝世后，其长子郑经接管台湾。康熙帝多次派人到台湾，希望郑经能归顺朝廷。郑经拒绝了，提出台湾要像高丽那样，跟清朝成为藩属关系。1681 年，郑经去世，郑克塽（shuǎng）被拥立为王。康熙帝觉得时机成熟了，派施琅为福建水师提督，攻打台湾。施琅原是郑成功的手下，擅长水战，并且了解台湾地形。他先率兵攻占台湾的门户——澎湖。澎湖被攻破后，台湾军队便无力抗争了，郑克塽出降。清军占领台湾后，康熙帝下令在台湾设置一府三县，从此，台湾隶属福建省。

博物馆小剧场　　郑成功亲兵的自述

1 我是国姓爷的亲兵，攻打台湾的战役，我也参加了。占领台湾后，为了帮助当地人改善生活，国姓爷鼓励大家垦荒种田，像我这样的兵不打仗的时候也要去耕种荒地。

2 国姓爷忽然暴亡，大家都难过极了。许多人不同意郑经继承王位，直到国姓爷死后第三年，他才正式接管台湾。听说清廷的皇帝好几次派人来，想让台湾归顺，郑经都没同意。郑经真的很固执，清廷不会派军队来吧？

3 郑经统治台湾这些年，清军倒也安分。没想到郑经一去世，清军就打来了！听说，清军的主帅是福建水师提督施琅，他也曾是国姓爷的手下，曾和我并肩作战过，打仗很厉害。台湾果然没守住，郑克塽带着我们投降了。

4 康熙帝待我们真不错，不但没杀我们，还让我们留在台湾，继续像之前一样生活。郑克塽被封为海澄公，一家人被送到北京，朝廷还赏了他们宅院，只是要像满洲人一样留辫子。

　　郑成功收复台湾，赶跑荷兰侵略者，是中华民族的英雄，但他的后人们占据台湾，不肯归顺清朝，破坏了祖国统一。在这种情况下，康熙帝出兵将台湾纳入大清的版图，使台湾重新成为中国不可分割的一部分。台湾纳入清政府的统治，既有利于杜绝外国势力的渗透与干涉，也使中国东南边防变得完整，对于国家的统一与和平都具有重大意义。

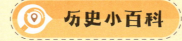

历史小百科

台湾铸造的康熙通宝

　　康熙帝设立台湾府后，岛上居民使用的货币还是前朝的永历通宝。福建巡抚张仲举上任后，奏请朝廷，要在台湾就地铸钱。朝廷批准后，台湾便开铸康熙通宝，钱的正面用汉文写着"康熙通宝"4个字，钱背面有个"台"字。

郑家军的手榴弹

　　国姓瓶是郑成功发明的一种新式武器，由于老百姓都尊称郑成功为国姓爷，所以这种武器被叫作国姓瓶。国姓瓶一般都是小口、深腹、陶瓷材质，瓶中装满火药、铁砂，引燃后扔向敌军，爆炸后杀伤力极大，在某种程度上跟我们现在的手榴弹很像。在郑成功抗击荷兰、收复台湾的时候，国姓瓶被大量投入使用，发挥了巨大作用。

第十节

中俄雅克萨之战

　　康熙年间，沙俄经常入侵黑龙江流域，烧杀掠夺，让当地百姓痛苦不堪。后来，沙俄又在黑龙江下游建立了尼布楚和雅克萨等据点。1682 年，康熙帝亲自到东北地区巡查，为驱逐沙俄侵略者做准备工作。康熙帝巡查之后，任命萨布素为黑龙江第一任将军，驻守在黑龙江，囤积粮食，开辟水陆运输线。1685 年，康熙帝派彭春、郎坦等将领，对雅克萨城进行围攻。经过一个多月的围攻，沙俄投降。清军放走指挥官托尔布津，并没有派兵镇守。1687 年，托尔布津卷土重来，重建雅克萨城。康熙帝派出萨布素等将领，利用挖地道与火攻等战术，攻下雅克萨城。之后，康熙帝派索额图等人与沙俄谈判，双方签订了《尼布楚条约》，条约明确规定沙俄撤离雅克萨。

博物馆小剧场　萨布素的战争回忆录

1 我在宁古塔任副都统的时候，就对罗刹人恨之入骨，他们残忍粗暴，屠杀边境百姓，还侵占了雅克萨。为这件事，皇上亲自来视察。毫无疑问，皇上肯定也想把可恶的罗刹人赶出去。

2 皇上回北京没多久，便任命我为黑龙江的将军，让我多囤粮，开辟水陆航线。之后，彭春大人带兵来到黑龙江与我联手攻打雅克萨城。他们的头目托尔布津发誓再也不侵犯雅克萨，我们便放了他。

3 没想到托尔布津言而无信，竟然又带人重建雅克萨城。朝廷又派我去打雅克萨城。这次，罗刹兵比较多，准备充足。我们又是挖地道，又是采用火攻，才攻下了城。托尔布津被大炮打中，估计活不成了。

4 雅克萨之战后，朝廷派索额图、佟国纲等人到尼布楚城，跟罗刹人进行谈判。谈判后，双方签订了《尼布楚条约》，罗刹人同意再也不侵占雅克萨。希望他们别像托尔布津似的出尔反尔，否则我们定不轻饶。

　　沙俄占领雅克萨是对中国领土的侵犯。康熙帝发动两场雅克萨围歼战，痛击沙俄，收复失地，维持了边境的安稳，也捍卫了中国的主权和领土的完整。双方签订的《尼布楚条约》，是中国与俄国签订的第一份边界条约，从法律上确定了当时的双方边界。《尼布楚条约》确立了中俄的贸易关系，同时也使与清政府敌对的准噶尔汗国变得孤立，加强了清朝北方的边防。

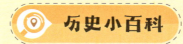

历史小百科

叶赫驿站的来历

　　1681 年，清朝廷为了便于与黑龙江进行联络，派人在吉林与瑷珲之间修建了 10 多个驿站，其中便有叶赫驿站。叶赫驿站地处寇河南岸，地理位置优越，便于运送军用物资，传递军情，同时可以为来往的清朝官兵提供车马、食宿等服务。叶赫驿站无论在康熙东巡时，还是雅克萨之战中，都发挥了重要作用。

《尼布楚条约》

　　《尼布楚条约》是清朝与沙俄于 1689 年签订的边界条约。签约时清朝的代表是索额图、佟国纲等人。条约规定：额尔古纳河、格尔必齐河及外兴安岭为中俄东段的边界，雅克萨归中国所有，沙俄要拆毁雅克萨城，这里的罗刹人迁回俄国境内。两国的百姓在边境贸易往来，必须有相关文票。

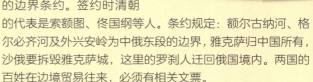

第十一节

平定准噶尔叛乱

文物档案

名　称：《抚远大将军西征图卷》局部
特　点：绢本，描绘康熙帝任命十四子允禵为抚远大将军，率兵入藏，平叛准噶尔的画面。
收　藏：中国国家博物馆

准噶尔部是蒙古的一个分支，首领噶尔丹野心勃勃。1688年，噶尔丹打败喀尔喀部落之后，在俄国的支持下，忽然举兵侵犯中原。康熙帝一面下令就地征集兵马，严加防堵，一面调兵遣将，准备北上迎击。1690年，康熙御驾亲征，其部署是分兵两路出击。起初右路军北进至乌珠穆沁境遇噶尔丹军，交战不利。康熙帝调整战略，以步兵、骑兵分工合作，再配合火铳、火炮等武器的猛烈进攻，最终在昭漠多（今蒙古人民共和国乌兰巴托东南）大败叛军。噶尔丹率残兵败将逃到宁夏。1697年，康熙帝亲自率兵到宁夏，大败噶尔丹。康熙末年，噶尔丹的侄子策妄阿拉布坦在准噶尔部掌权，趁着西藏发生内斗的时机，攻占拉萨，使得西藏大乱。康熙帝任命十四子允禵（tí）为抚远大将军，入藏平叛。

博物馆小剧场　　噶尔丹覆灭记

1 噶尔丹大汗骁勇善战，在我们准噶尔汗国很有威望。但是他不该野心太大，一次次发动战争。在进攻喀尔喀部落的那场战役中，我们虽然大获全胜，但伤亡巨大，好多和我一起作战的老乡都牺牲了。

2 有一天，我无意间看到几个罗刹人进入大汗的宫殿。不久，大汗就借着追赶喀尔喀部落的时机来到中原。大汗不仅不听从朝廷军队的劝阻，还和他们打了起来。我隐隐觉得，这件事与罗刹人有关。

3 一开始，我们打了几场胜仗，大汗更加狂妄，扬言攻下北京。康熙帝派来使节，希望能和平解决，没想到大汗拒绝和谈。康熙帝生气了，御驾亲征。结果可想而知，我们被清军打得大败。

4 我们逃到宁夏，本以为能安全了。没想到，康熙帝竟然带兵追到宁夏。我们这些残兵败将哪里还有反击能力？大汗在他的营帐内服毒身亡。唉，他要不是野心勃勃，怎会落得如此下场？

　　准噶尔部首领噶尔丹在沙俄的唆使下，举兵叛乱。在这期间，边疆地区社会动荡，百姓生活困苦。清政府投入大量兵力，平息了这场叛乱，成功遏制了外部势力对清朝西北地区的入侵，巩固了朝廷对西北边疆的统治，同时打击了沙俄的侵略野心。此外，这场战争的胜利大大提高了清朝在国际上的声誉与地位，维护了统一的多民族国家的稳定。

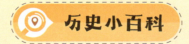
历史小百科

康熙帝起名的大炮

　　戴梓是清初火器专家，他只用 8 天时间便监造出"子母炮"（使用时将子炮放入母炮后腹开口处，用铁闩固定，然后点燃子炮，弹头从母炮口飞出）。康熙帝观看试射之后，非常满意，给炮赐名叫威远将军炮，并让人将戴梓的名字刻在炮身上。后来，在平定噶尔丹叛乱的战争中，威远将军炮起到非常大的作用。

康熙御用军刀

　　据传，康熙帝为平定噶尔丹叛乱，特意命人铸造了一把御用战刀。工匠不敢怠慢，日夜打造。刀很快铸成，锋利无比。在战场上，这把战刀发挥了至关重要的作用，成为康熙帝赫赫战功的见证。大获全胜后，康熙帝班师回朝，途经归化城（今呼和浩特）时，正赶上崇福寺刚刚建成。康熙帝便把这把战刀，连同铠甲等随身之物留在了寺中，以作纪念。这把战刀现收藏在内蒙古博物院。

第十二节

推崇儒家文化

文物档案

名　称：清代"万世师表"牌匾

特　点：1684年康熙帝到曲阜孔庙祭孔时的御赐牌匾，长约6米，宽约2.5米，匾额四周雕有群龙戏珠图案。

地　点：山东曲阜孔庙大成殿

康熙帝自幼便受儒家文化的影响，在位期间，为了巩固清朝的统治，他极力推崇儒家文化。他还广建学校，将儒家经典纳入教程中。1678年，为选拔人才，康熙帝在北京举办了一次博学鸿儒科考试，153人入京参加考试，他亲自监考。考试内容包括对儒家经典的阐释、对儒学理论的掌握情况，以及诗文创作。才华出众的考生被录取后，可以入朝为官。为了表示对儒家文化的崇敬，1684年，康熙帝率领文武百官前往山东曲阜祭拜孔庙。他是第一位祭拜孔子的清朝皇帝。回到北京后，康熙帝还让工部拨款，经常派宫廷匠人修缮孔庙。此外，孟庙的庙碑碑文也是康熙亲笔御书。在碑文中，康熙帝对孟子评价极高。

博物馆小剧场　　康熙帝的儒学理念

1 汉人有句话："半部《论语》治天下。"可见儒家思想对治理天下很关键。我从小就了解了很多儒学的知识，深以为然。所以我亲自执政后，多次下达旨意，让地方多建学堂。

2 我想在民间选拔一些人才，所以举办了一次博学鸿儒科考试，让地方推荐人才。无论年长年幼，只要有真才实学就可以参加考试。被录取的考生，我都封他们官。通过这次考试，那些汉族知识分子对我的看法大有改观。

3 以前那些朝代,经常有皇帝去祭拜孔庙,我也效仿他们。但是当我来到孔庙,准备祭拜的时候,发现墓碑上有个王字,不由得犹豫了。我乃堂堂天子,怎么能向王跪拜?幸亏吏部尚书陈廷敬机灵,找了一块黄布将那个字盖上了。

4 孟庙我也去了,孟庙碑上的碑文也是我写的。说起来,孟子也是我非常崇敬的人。孔孟之道、儒家思想,希望我的子孙后代都能好好学习,这样,我们大清的江山才能一直稳固。

康熙帝亲政后,十分重视儒家文化,并将其作为治理国家的思想根基。这一举措,十分有利于消除满汉之间的民族矛盾,提升清朝统治在汉人心中的认同感,从而巩固清朝在中原的统治。康熙帝对儒家文化的重视,还推动了儒家文化的传承与发展,促进了中华传统文化的传承与弘扬。但是,康熙帝过分强调儒家的正统性,在一定程度上限制了其他文化流派的自由发展。

历史小百科

《弟子规》

康熙帝崇儒尊孔,清朝的读书人都受到影响。清初学者、教育家李毓(yù)秀屡次参加科举考试都落榜。最后,他放弃对仕途的追求,游历四方,讲学育人,在此期间完成了《训蒙文》,劝诫世人在待人、接物、处世等方面应该遵守儒家的礼仪规范。后来,贾存仁对《训蒙文》进行修订,改名为《弟子规》。

"万世师表"牌匾的由来

1684年,康熙帝到曲阜的孔庙祭拜孔子,挥笔写下"万世师表"4个字,悬在大成殿中。康熙帝之所以写下这4个字,是想告诫大清的子民,都要尊儒重道。同时,康熙帝也是想通过祭拜孔子这个契机,完成满汉融合的心愿。后来,康熙帝下诏,摹拓此匾,让全国各地的文庙都悬挂这块匾。

第十三节

推行垦荒政策

　　明末清初，由于国家连年战乱，农民们流离失所，导致大量土地荒芜，无人耕种，农业受到严重影响。针对这一情况，康熙帝下旨禁止八旗圈地，并推行垦荒政策。1683年，康熙帝下令对河南地区进行开垦，让官府将种子与耕牛借给农民，用于耕种。针对四川人少地多的情况，康熙帝制定移民垦荒政策，将无主的荒地分配给垦荒的农民，并颁布《康熙三十三年招民填川诏》，鼓励各省的农民迁徙到四川进行垦荒。1691年，康熙帝将归化城定为垦区，由朝廷提供耕牛、农具，派内务府壮丁前去耕种，并且由官员监督耕种。此外，康熙帝还鼓励流民迁移过去，官府负责提供买种子所用的银两。根据《康熙朝实录》记载，康熙年间，全国的耕地增加上百万顷。

博物馆小剧场　让荒田变良田

1 我自从亲政之后，便一直关心农民的土地问题。农民为了逃避战争，背井离乡，很多土地都变成了荒田。如今，没有战乱了，那些荒田应该重新开垦。不过，在进行垦荒之前，我得先搞定八旗圈地的事情。

2 明朝也推行过开垦荒地的政策。为了动员农民，给予他们一些待遇，我觉得这办法不错，可以借鉴一下。我先安排河南地区的开垦事宜，下令地方官府将种子和牛借给农民。听说农民们的积极性非常高。

3 我最犯愁的是四川，这里人口流失非常严重。我命人统计了一下，那么大的地方只有9万多人，到处都是荒田。为了解决这个问题，我制定了移民垦荒的政策，让各省农民迁移到四川。效果还不错，四川问题总算解决了。

4 不只四川，全国很多地方的荒田都变成了良田。据负责统计的官员来报，这几年耕地面积已经达到百万顷。这让我非常欣慰。农业是国家社稷的根本，老百姓富了，国家才能强大，我才能坐稳江山。

　　为了解决土地荒芜的问题，康熙帝为各省移民提供耕牛、种子、免税等福利，鼓励开荒，并实行"湖广填四川"的人口大迁徙，使"崎岖山地，尽皆耕种矣"，大大增加了耕地数量。土地的增加带动了人口增长，清朝人口20年间增加了5000万。同时，经济也得到恢复，全国年财政收入增加1000万两。康熙帝之后，雍正、乾隆等皇帝也将开荒当成国家头等大事，促进了社会经济的持续发展。

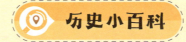
历史小百科

康熙帝主编的《御制耕织图》

　　有一年，康熙帝南巡时，有人进献南宋楼璹（shú）所作的《耕织图》。向来重视农业的康熙帝，对《耕织图》异常感兴趣。回京后，康熙帝召见宫廷画师焦秉贞，让他根据《耕织图》，再绘制一组关于男耕女织的画。焦秉贞画了46幅，装订成册后，由康熙帝题诗作序，然后进行刻印，它就是《御制耕织图》，现藏于北京故宫博物院。

圈地运动

　　圈地运动是清人入关后实施的土地政策。这一政策允许八旗子弟通过"跑马圈地"的方式，将国家土地占为己有。圈地时，旗人将一面旗插在马背上，再疯狂地抽打马匹，它所跑范围内的土地就归旗人。八旗子弟圈的地主要在京城附近，而关外的土地则分给农民耕种。此外，明朝王室遗留的荒田，全都归满洲贵族和八旗子弟所有。

第十四节

进一步强化君主专制：设立集权的军机处

1722 年，康熙帝驾崩，四皇子胤禛（yìn zhēn）继位，年号雍正。八皇子允禩（sì）等人反对胤禛做皇帝，经常制造事端。1726 年，雍正帝将允禩监禁。为了稳固皇位，雍正帝不仅严惩皇族内的反对派，还除掉了隆科多与年羹尧等辅佐他登基的功臣。在集权方面，雍正帝将处理政务的地方从乾清宫改到养心殿。1729 年，准噶尔叛乱，雍正帝出兵平乱。在两军交战期间，所有的军事奏报呈递到雍正帝之前，都要经过兵部、内阁等部门，过程烦琐，并且耽误时间。为了提高办事效率，雍正帝从内阁与兵部抽调出一批自己信任的大臣，成立了军机房。军机房直接归雍正帝调遣，负责处理一些政治、军事上的机密大事，成为国家最高参谋机构。此外，雍正帝还设立会考府，监督各部门的财政。

博物馆小剧场　　雍正帝的集权之路

1 我当皇上，老八最不服气，四处散布谣言，说皇阿玛没有让我继承皇位，是我偷偷改了遗诏。老八必须除掉，否则早晚会坏我的大事。我找个理由将他抓了起来，没多久他就死在了牢里。

2 我能当上皇帝，隆科多与年羹尧功劳很大。我本应该重用他们，没想到，他们竟然自恃劳苦功高，不把我放在眼里。作为帝王，绝对不能心慈手软。我以结党营私、私藏玉牒的罪名处理了他们。

3 蒙古的准噶尔又闹事了。我派傅尔丹与岳钟琪去平乱。他们兵分两路，结果都打了败仗。我和大臣们总结了一下，是奏报的过程太复杂，等到我这里的时候，已经贻误了战机。所以，这个流程必须得改进了。

4 我决定设立军机房，直接归我管，不需要兵部、内阁参与。军机房不只在打仗的时候起作用，平时也会处理一些朝中大事。总之，我不给别的大臣干涉我的机会，将大权牢牢握在手里。

雍正帝在位期间，设立了军机房（后改名军机处），这一部门相当于皇帝的私人管理班子，直接处理军务机密。此外，雍正帝还设立会考府，稽查、核实各部门的钱粮奏销情况，从而提高了国家财政收入。雍正帝的这一系列集权政策，不仅巩固了皇权，对清朝的稳定与发展也具有重要意义。然而，雍正帝的过度集权也导致了政治体制的僵化，加剧了社会内部的矛盾，引来各个阶层不满。

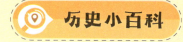

历史小百科

雍正帝亲自设计印章

寿山石雕夔龙瓦纽是雍正帝的印章，它是由雍正帝自己设计的。印章篆刻之前，他先让造办处的工匠定下印章的样式，然后下刀镌刻。刻章所用的寿山石，是怡亲王胤祥进献的。最初，印纽是"四喜桥梁"的样式，雍正帝反复思考后改成夔龙纹样，并让人在印底篆刻"雍正御览之宝"。

军机章京是什么官？

军机章京在军机处里任职，没有固定的品级。雍正年间，军机章京被称为"军机处行走"，相当于军机大臣的贴身秘书。每当皇帝下达旨意时，军机大臣便让军机章京进行草拟。他们级别虽然不高，但接触的都是国家机要，因此权力很大。

第十四节

进一步强化君主专制：
推行文字狱

文物档案

名　称：清代金累丝嵌松石斋戒牌

特　点：图案为累丝梅花，上面嵌着"斋戒"二字，是清代皇帝及文武官员祭祀时挂在身上的警示牌。

收　藏：北京故宫博物院

雍正年间，经常出现文字狱。清朝是满族建立的王朝，汉族知识分子对它存在很强烈的抵触情绪，常有一些反清言论出现。雍正帝登基前，经历了"九子夺嫡"的权力之争。为了防止再出现皇族内部的争斗，他想利用文字狱打击各皇子的势力，巩固自己的皇位。第一个死于文字狱的是汪景祺，最无辜的是徐骏。翰林官徐骏写奏折时，误把"陛"写成"狴（bì）"，雍正帝大怒，认为徐骏有意讥讽满人是胡儿出身，当下将徐骏革职查办。后来，在徐骏家里搜出的诗集中有"清风不识字，何故乱翻书"等诗句，被雍正帝认为是反诗。于是雍正帝下令将徐骏斩首。吕留良人都已经死了，但受曾静案牵连，被开棺戮尸。他的学生严鸿逵、儿子吕毅中等人被斩首，其余家人被发配。

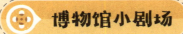

博物馆小剧场　　狱卒手记

1 我是个狱卒，没啥文化，但是最近大牢里关的都是文化人。第一个被关进来的是年羹尧大将军。他曾经中过进士，因为给皇上写奏折时，误把"朝乾夕惕"写成"夕惕朝乾"，被定了罪。

2 年羹尧还牵连了他的幕僚汪景祺。年羹尧倒台后，皇上派人去抄家的时候，在书房发现汪景祺写的《读书堂西征随笔》。据说，汪景祺在这本书里说了皇上的坏话。皇上大怒，把他抓起来，没多久就砍了脑袋。

3 相对汪景祺来说，徐骏大人就太冤枉了，他只不过写了一首诗脑袋就搬家了。就因为那首诗有一句"清风不识字，何故乱翻书"。我听犯人在牢里读过，好像没什么特殊意思吧？

4 牢里又来了新犯人，这回是曾静。他确实是想反清，到处说清朝廷不好。通过审讯，曾静老老实实全都招供了。他还说，是受吕留良的书影响。吕留良都已经死了，皇上还派人开棺戮尸。太残忍了！

　　虽然文字狱在雍正时期出现了很多著名的案件，但它并不是雍正帝的专利。文字狱最早可追溯到顺治年间，当时函可和尚携带一本记录抗清志士事迹的书，在出城时被清兵查获。刑部以干预时事的罪名，对函可严刑拷打，后流放沈阳。这是清朝第一起文字狱，之后类似案件屡屡发生。文字狱对清朝知识分子造成了极大摧残，严重禁锢了人们的思想，阻碍文化创新和社会进步。

⊙ 历史小百科

《大义觉迷录》

　　吕留良一案，罪魁祸首是曾静，他经常发表反清复明的言论。被抓起来后，曾静为了自保，先是陷害吕留良，接着写下歌颂雍正帝的《归仁录》。1729年，雍正帝下令将这个案子的口供记录、审讯记录等资料进行整理，然后与《归仁录》放在一起，合称《大义觉迷录》出版，在全国各地发行。

斋戒牌的来历

　　雍正十年（1732年），雍正帝认为，在官署里设置斋戒牌，不能达到约束官员们一言一行的效果。于是，他下令缩小斋戒牌的尺寸，并设定斋戒牌的样式。斋戒时，无论是皇帝还是官员都必须将斋戒牌佩于胸前，互相观瞻，以达到约束身心、自我警示目的。金累丝嵌松石斋戒牌最特别之处在于它的累丝工艺。累丝就是将金银拉成丝，然后编成辫股或各种网状组织，再焊接于器物之上，是金属工艺中最精巧的一种。

第十五节

乾隆帝六下江南

文物档案

名　称：清代《乾隆南巡图》

特　点：描绘了乾隆十六年（1751年）乾隆帝第一次下江南的画卷，共12卷。

收　藏：中国国家博物馆

1735年，雍正帝驾崩，四皇子弘历继位，年号乾隆。1751年，乾隆帝决定南巡，视察江南。同行的还有皇太后、皇后、大臣、护卫等，总共两千余人。按照南巡路线，乾隆帝先视察了黄河治理工程，然后沿运河南下，视察江南一带。乾隆帝在位期间，一共有6次南巡。乾隆帝每次南巡，都将视察水利工程作为重点，以确保农业生产顺利开展。尤其是第三次南巡，他在扬州亲自视察运河的水利工程，发现有些河段出现堵塞，当即下令进行清淤。此外，乾隆帝南巡还会考察地方官员的政绩，了解民情，笼络民心。每到一个地方，他都与地方官员、当地文人雅士们进行交流。乾隆帝最后一次南巡时，已经70多岁了。这一次，他关注到江南一带的海塘工程，勒令确保农田不受影响。

博物馆小剧场　乾隆帝的6次南巡

1 江南作为全国重要的农业基地，我非常重视，所以决定去那里巡察一番。正好皇额娘六十大寿，我决定带着她一起去。有些大臣以为我是到江南游山玩水，我是那么没有作为的皇帝吗？

2 通过南巡，我发现江南百姓生活富裕，地方文化氛围也很浓。只是江河经常泛滥，影响农业生产。因此，后来南巡我都很关注水利工程。第三次南巡时，还下令对黄河筑堤工程和浙江海塘进行大规模修建。

3 除了农业，江南的人也很重要。越是富庶的地方，越考验官员的实力和抗诱惑力。我早就发现有些官员虚报政绩，所以必须亲自看一看。几次南巡之后，官员虚报、瞒报的事情几乎杜绝了。

4 南巡的时候，我还发现了许多人才。其中，孙士毅给我的印象最深刻。当时，我对苏杭一带的汉人进行考试，考题为《海塘得失策》。孙士毅的答卷让我很满意。我当即封他为内阁中书。

　　据史料记载，乾隆帝六下江南共花掉约 2000 万两白银，给国家财政带来巨大负担。不过，这几次南巡，乾隆帝通过亲自视察，加强了江南一带的水利治理，对江南地区的经济繁荣产生了深远的影响。这期间，乾隆帝发掘了一批能臣干吏，这些人后来都成了栋梁之材。此外，乾隆帝还拉拢了江南士绅，巩固了清朝统治。

历史小百科

与乾隆帝南巡有关的画卷

　　《万笏朝天图》是天津博物馆收藏的一幅画，为清代张宗苍所作。画中描绘了乾隆帝南巡期间，在天平山范氏庄园游玩时的情景。"万笏朝天"中的笏是指大臣上朝时，手里面拿的笏板，这里是以笏板来比喻天平山的群峰。关于乾隆帝南巡题材的画有很多，《万笏朝天图》是最早的一幅。

乾隆帝五次下榻的行宫

　　江苏省宿迁市的龙王庙行宫，始建于顺治年间。乾隆帝下江南的时候，曾经 5 次在这里下榻，因此，龙王庙行宫又被称作"乾隆行宫"。乾隆皇帝每次入住龙王庙行宫，都会在这里题诗留念。

第十六节

平定大、小和卓战乱

清初，新疆以天山为界，天山以北是蒙古准噶尔部，天山以南则是维吾尔族的居住地，称为回部。回部的大和卓（波罗尼都）与小和卓（霍集占）作为人质被准噶尔部软禁在伊犁。1755 年，清军攻克了伊犁，释放了波罗尼都与霍集占，兄弟二人顺势投靠了清廷。清廷命波罗尼都返回南疆，统领回部，霍集占继续留在伊犁。实际上，他们兄弟表面归顺朝廷，背地里却一直想谋反。1757 年，霍集占找个机会，杀死了清军副都统阿敏道，然后宣布自立。1758 年，乾隆帝派定边将军兆惠率领大军南下，平定回部大、小和卓叛乱。兆惠将大营安扎于黑水河畔，攻打叛军占领的叶尔羌城，回部无力抵抗，波罗尼都与霍集占逃往巴达赫尚（今阿富汗东部），最终被巴达赫尚的首领杀害。

博物馆小剧场　平定回部叛乱

1 我叫兆惠，正黄旗人。攻打伊犁的那场战役，我没参加。但我知道，皇上的目的是想通过解救大、小和卓，不费一兵一卒就拿下整个回部。大、小和卓倒也识趣，很干脆地表示愿意投靠朝廷。

2 皇上让大、小和卓统领回部的时候，一定没想到竟然成了放虎归山。这俩不知好歹的家伙，竟然起兵造反了。霍集占还杀了副都统阿敏道，向朝廷示威。皇上被激怒，派我领兵去平乱。

3 这些年，我东征西讨，很少打败仗。大军到达齐阿里克后，我将军营驻扎在黑水河畔。这里距离大、小和卓占领的叶尔羌城已经很近了。我下令攻城，没想到叶尔羌城防守严密，我只好做持久战的准备。

4 战事有了转机。回部内部出现矛盾，很多人不再支持大、小和卓。我趁机下令攻城，大、小和卓弃城逃往巴达赫尚。巴达赫尚的首领不想得罪清廷，干脆将他们杀死，将尸首送到我的军营。

大、小和卓背信弃义，为了一己私欲发动叛乱，影响到边疆稳定，也给当地百姓带来了灾难。乾隆帝在平叛期间，允许新疆宗教自由，赢得了各部落的支持，使得平叛进展得更为顺利。乾隆帝用四年时间平息新疆动乱，维护了新疆地区的稳定，也阻止了沙俄对新疆的蚕食，巩固了朝廷对新疆的统治。没有了战争，大量汉人搬迁到新疆生活，使得当地经济得以恢复，进一步促进了各民族之间的融合。

历史小百科

乾隆帝为其牵马的将军

兆惠是清朝名将，他帮助清廷收复的疆土约占清朝国土面积的六分之一，因此深受乾隆帝器重。乾隆二十五年（1760年），兆惠班师回京，乾隆帝亲自率领文武百官前去迎接，欢迎仪式非常隆重。乾隆帝一见到兆惠便迎过去，要亲自为兆惠牵马。兆惠哪敢让皇帝牵马，跪下来再三请求，乾隆帝这才象征性地牵了几步马。

"十全老人"的来历

乾隆帝晚年自诩为十全老人，并且编撰了《御制十全记》，然后让人以满、汉、蒙、藏4种文体，将《御制十全记》刻在碑上。乾隆帝所说的"十全"，是指十场战争的胜利，具体包括两次平定准噶尔的叛乱、平定大小和卓之乱、两次出兵大小金川、镇压台湾林爽文的叛乱、两次抗击尼泊尔沙阿王朝入侵，以及在安南与缅甸的两次大捷。

第十七节

土尔扈特部回归中国

文物档案

名　称：清代土尔扈特银印

特　点：印文为满文："乌讷恩苏珠克图旧土尔扈特部卓里克图汗之印"，即"忠诚的旧土尔扈特部英勇之王印"。

收　藏：北京故宫博物院

蒙古土尔扈（hù）特部原本居住在新疆塔尔巴哈台，因经常受到准噶尔部的压迫，无奈离开故土。他们穿过哈萨克草原，在伏尔加河流域建立了土尔扈特汗国。随着沙俄势力的不断扩张，土尔扈特汗国被吞并，成为沙俄的附庸国。1761年，渥巴锡继汗位。面对沙俄的压迫，渥巴锡制订东归计划，打算率领族人们回到祖辈生活的新疆。不想计划暴露了，土尔扈特人不得不提前行动。沙俄女皇叶卡捷琳娜二世派出一支哥萨克骑兵追赶，土尔扈特人奋力还击，将哥萨克骑兵全部消灭，最终历尽波折回到了伊犁。沙俄派来使者，希望清政府不要接受土尔扈特部。乾隆帝毅然拒绝，派大臣去迎接，并在承德亲自接见了渥巴锡。

博物馆小剧场　渥巴锡手记

1 我们的祖辈不想与准噶尔部起冲突，所以离开伊犁，迁移了数千里，在伏尔加河流域建立了土尔扈特汗国。刚开始，族人们安居乐业，生活稳定。但是后来，沙俄总是欺负我们，日子越来越不好过了。

2 我父亲在位期间，沙俄女皇叶卡捷琳娜二世让我的哥哥去莫斯科当人质，最终死在了莫斯科。我继承汗位后，和族人们思来想去，都觉得伊犁是我们唯一能回去的地方。

3 原本我打算好好地部署一下再离开，没想到我们重返故土的计划被泄露了，我们只好提前出发。叶卡捷琳娜二世派哥萨克骑兵来阻止我们。我和我的一万多名土尔扈特勇士给予了最猛烈的回击，终于将他们打退了。

4 历尽千辛万苦，我们终于回到了祖辈们居住的地方。听说沙俄原本想挑拨清政府拒绝我们，可皇上不仅特意派人在伊犁迎接我们，还亲自接见了我！感谢皇上，感谢我的祖国，我终于回来了！

　　土尔扈特人勇敢地反击沙俄的阻挠，历尽千辛万苦，终于回到了阔别 100 多年的祖国。据记载，17 万土尔扈特人东归，只有 3 万人成功回到祖国的怀抱，说明这是一次极为艰难的旅程。土尔扈特人回归后，乾隆帝调集几十万匹牲畜、数万袋粮食、数万件物资用以接济，还安排他们在阿尔泰地区放牧。土尔扈特部的回归促进了祖国的统一，增强了民族的凝聚力。

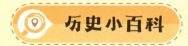

历史小百科

渥巴锡进献腰刀

　　土尔扈特部东归，乾隆帝非常重视这件事。1771 年，乾隆帝特意在承德避暑山庄接见了土尔扈特的首领渥巴锡。宴席上，渥巴锡为了表示对清廷的感谢与尊重，将祖传的腰刀进献给乾隆帝。这把刀十分锋利，刀柄上嵌着红珊瑚，刀鞘是用鲨鱼皮与牛皮制成的。

《土尔扈特部归顺图》

　　《土尔扈特部归顺图》是辽宁省朝阳市文物收购站在 1982年收购的比较珍贵的画卷。该画卷原是清宫的旧藏，后来被溥仪带到东北。抗日战争结束之后，该画流散于民间。经过几番周折，人们终于将它找到。

第十八节

清朝顶峰时期的经济

文物档案

名　称：清乾隆通宝开炉钱

特　点：开炉钱是在铸造货币前铸造的一种纪念币。正面与流通钱币一样，背面是比较吉祥的文字或者图案。

收　藏：中国国家博物馆

　　乾隆年间，经济发展达到清朝的鼎盛阶段。乾隆帝非常重视农业，大力推广玉米、甘薯、马铃薯的种植。此外，棉花、桑、麻等经济作物也被大量种植。纺织业、制瓷业等手工业得到空前发展，以苏州、杭州和南京的丝织业最为发达。这一时期，对外贸易虽然只有广州一个贸易口岸，但十分繁荣。清朝的商船经常前往亚欧各国，出口丝织品、瓷器、药材、茶叶等物品，同时，商船还从国外运回牛角、胡椒、香料等商品。针对南北地区贫富差距太大这一问题，乾隆帝不惜投入大量的人力与物力，发展北方经济。此外，他还鼓励南方人迁移到北方开荒，进一步扩大耕地面积。据统计，到乾隆帝去世时，全国耕地面积约为 10.5 亿亩（1 亩 =666.7 平方米）。

博物馆小剧场　经济发展四部曲

1 我一直很重视农业，鼓励农民多种玉米与甘薯和马铃薯。这几种农作物耐寒抗涝，而且易种、产量高。另外，棉花、茶叶、桑、麻这些经济作物需求量越来越大，也要大量种植。

2 相对南方来说，北方地广人稀，比较落后。所以我拨了许多银子发展北方的经济。有了钱还得有人才行，所以我实行一些补贴政策，鼓励南方人迁移到北方。在我的努力下，北方也一点点发展起来了。

3 我一直重视制瓷业的发展，派唐英到景德镇当督窑官。他没让我失望，在瓷器釉色上进行了创新，研究出 50 多种新釉色。至于纺织业，我不只重视江宁织造业这些官办的，还支持民间的作坊。

4 瓷器与丝绸一直很受外国人喜爱。我大清对各港口管控一直很严格。我在南巡时，发现江浙口岸的外国商船上竟然配备火炮。出于安全考虑，我决定将广州作为唯一对外贸易口岸，跟外国人做买卖。

乾隆帝执政这些年，经济迅速发展，国库存银最高时达到 7390 万两。这一成绩离不开农业的发展。乾隆帝鼓励开荒，扩大耕地面积，在他执政中期，垦田已达到 7 亿多亩。同时，手工业生产也进入鼎盛时期，仅景德镇御窑厂每年便能烧造出数十万件瓷器。这一时期经济繁荣，百姓生活富足，人口增长到了 3 亿。但是，这一时期贪污腐败现象严重，官员们利用职权克扣公款，加剧了社会矛盾。

历史小百科

乾隆年间英国发生了哪些大事？

乾隆时期，世界历史上出现了两件具有跨时代意义的大事。1765 年，英国一名纺织工发明出珍妮纺纱机，以机器取代手工，使得纺纱的效率得以提高。1776 年，瓦特改良后的蒸汽机在运输、工作的领域广泛应用，生产效率得到质的飞跃。蒸汽机的改良，推动了工业革命的进程，对全球科学技术和经济发展都产生了深远影响，使英国彻底进入蒸汽时代。

御用冰箱

北京故宫博物院里收藏了两台掐丝珐琅冰箱。冰箱外部为掐丝珐琅，表面饰有艳丽的花纹，以楷书刻着"大清乾隆御制"6 个字。夏天里，冰箱内放入冰块，通过细小的纹孔散发冷气，实现对食物的降温。这两台冰箱是专门给皇上及其嫔妃等人使用的。

第十九节

清代文化艺术黄金期

　　乾隆年间，文化艺术达到清朝的黄金期。清朝的皇帝几乎都喜欢写诗，其中以乾隆帝的诗最多。唐宋之后，古典诗歌衰落，直到清朝诗歌才重新被重视起来。据记载，《全清诗》一书收录了十余万作者的作品。1792年，乾隆帝亲自主持的《四库全书》全部完成。该书是由300多人共同编撰的，历时13年编成。《四库全书》对古典文化进行了一次详细总结，分为经、史、子、集四部，所以被称作四库。四大名著之首的《红楼梦》，也是在乾隆年间完成的，前80回的作者是曹雪芹，后40回的作者是高鹗。在绘画与书法上，这一时期以"扬州八怪"为代表。"八怪"指罗聘、高翔、郑燮（xiè）、金农、汪士慎、李方膺、黄慎、李鱓等八人。他们在画风上勇于突破传统，创立出独属自己的风格。

博物馆小剧场　清代文人的朋友圈

1 我结交的朋友，基本上都能舞文弄墨，我们被称作文人。平时，我们经常小聚，饮酒谈诗、下棋作画。现在写诗的人越来越多了，当下我最喜欢的诗人是袁枚，他的那首《所见》描绘出我晚年最想要的生活。

2 我不只写诗，还参与了《四库全书》的编撰工作。这可是一项大工程，是皇上亲自主持的。除了我，还有300多名文人参与。我们整整编撰了13年才完成，真的耗尽了心血。

3 工作之余，我喜欢读小说。最近我读到一本叫《红楼梦》的书，作者曹雪芹我听很多朋友提过，这本书最早叫《石头记》，它问世之后，许多对小说有偏见的文人都改变了观点。

4 诗画相通，所以我结交的朋友中，也有很多画家。扬州八怪之一的郑燮，就是我的好朋友。他的画和他的为人很像，都特立独行，勇于打破常规。估计在很多人眼里，这些画家都有点怪，所以称他们为"八怪"吧！

　　元代统治者实行等级划分的民族政策，导致汉文化发展减缓，明代又专注八股文的格式化文风，使其他形式的文化艺术在很长一段时间内都处于低迷的阶段。直到清朝，清政府开明的文化政策，催生出《四库全书》《红楼梦》《儒林外史》《聊斋志异》等经典巨著。扬州八怪的出现，让清朝的绘画艺术走向又一黄金期。清朝为后世留下了大量的文化艺术瑰宝，成为中国文化史上厚重的一页。

历史小百科

曹雪芹其人

　　曹雪芹名霑（同"沾"，zhān），年少时家境很好，锦衣玉食。后来，曹家没落，曹雪芹搬到北京西郊，过着穷困潦倒的日子。从盛到衰的经历，让曹雪芹心生感慨。他历经十载，写下了《石头记》，后来这本书被改名为《红楼梦》，成为经典名著。

"难得糊涂"的郑板桥

　　郑板桥原名郑燮，是"扬州八怪"的代表人物。乾隆元年（1736年），郑板桥考中了进士，被调任到潍县当县令，深受当地百姓爱戴。后来，他归隐扬州，以卖画写字为生。郑板桥非常睿智，他写的"难得糊涂"这4个字，被后人视为警世名言，流传至今。

第二十节

无力回天的嘉庆帝

文物档案

名　称：清代"知不足斋"印
特　点：青玉材质，刻着蹲龙纽，
上面有汉文篆书。"知不足斋"是
嘉庆帝的书斋名。
收　藏：北京故宫博物院

　　1796 年 2 月 9 日，乾隆帝将皇位传给第十五子颙琰（yóng yǎn），即嘉庆帝。嘉庆帝刚登基时，乾隆帝自称太上皇，仍执掌政事。4 年后，乾隆帝驾崩，嘉庆帝亲政。乾隆帝在位后期，虽然国家表面上一派盛世景象，但由于乾隆帝追求享乐，好大喜功，以至于国库亏空，财政陷入困境之中。面对这样的政局，嘉庆帝亲政后，着手进行了一番改革。首先，他大力整顿吏治，诛杀了权倾朝野的贪官和珅，并将其党羽一网打尽。同时，嘉庆帝下令广开言路，废除文字狱。对外政策上，嘉庆帝态度强硬，闭关锁国，拒绝与其他国家的贸易往来。嘉庆执政期间，川、楚、陕等地爆发农民起义，朝廷派兵围剿镇压。尽管起义被镇压下去，但清朝的国力因此受到严重损害。

博物馆小剧场　　嘉庆帝的强国之策

1 皇阿玛尽管在治国方面十分英明，但喜欢铺张浪费，导致国库空虚。此外，贪污腐败也是国库空虚的重要原因。我朝最贪的官员非和珅莫属，之前有皇阿玛护着，我动不得，现在就拿他开刀吧！

2 关于文字狱，我觉得不仅让我朝失去了很多人才，也让更多人才不敢显露真本事。我下令禁止文字狱。此外，我还提高奏事官员的权力，并亲自受理老百姓的京控呈词，真正做到体察民情。

3 我想体察民情，可是百姓不理解我的苦心，好些地方的农民造反，我不得不派兵去镇压。虽然起义都被镇压了下去，社会又恢复了稳定，但我知道朝廷耗费了大量银子，这些年好不容易丰盈的国库又空虚了。

4 之前，英国外交官阿美士德要求见我，希望清朝能开辟通商口岸。工部尚书苏楞额接待阿美士德时，阿美士德拒绝行跪拜之礼，只是鞠了几个躬。这件事让我很气愤，也坚定了我封锁口岸的决心。

　　嘉庆帝在位期间，不遗余力地整顿吏治，严惩贪官，遏制了官场腐败风气，缓解了民怨。他还成功镇压了白莲教等起义，维护了国家稳定。然而，嘉庆帝因循守旧，导致官员们创新与改革的谏言越来越少。他继续实行闭关锁国政策，限制了对外贸易。为防止流民作乱，他对人口流动进行限制，禁止汉人迁居到东北，从而阻碍了社会经济的发展。嘉庆时期是清朝由盛转衰的开始。

历史小百科

嘉庆年间的英美

　　嘉庆年间，世界各国都发生很大变化。1804 年，英国的德里维斯克制造出世界上第一台蒸汽机车。几年后，美国的富尔顿又制造出世界上第一艘蒸汽机轮船。工业时代的来临，标志着人类社会正在向机械化生产转型，进入一个全新的发展阶段。而这时的清朝依然重农轻商，以牛作为主要耕地工具，逐渐与世界先进潮流脱节。

嘉庆帝的死因

　　1820 年，嘉庆帝在避暑山庄暴毙，享年 60 岁。《嘉庆遗诏》里对嘉庆帝的死因是这样记载的："迨抵山庄，觉痰气上壅，至夕益甚，恐弗克瘳。"也就是说，他死于急病。但民间还有另外一种传闻，说嘉庆帝批阅奏折时，窗外忽然风雨交加，一个闷雷，将嘉庆帝劈死了。至于真相如何，并没有确切的证明。

第二十一节

勤政节俭的道光帝

　　道光帝登基不久，就开始整顿吏治。他先是削弱托津、戴均元等老臣的权力，勒令云贵总督伯麟退休，又将户部尚书英和贬为热河都统。道光帝还处罚了一批贪污河工费用的官员，并下旨严禁任何官员动用河工费用。1826年，新疆回部张格尔受英国人怂恿，起兵造反。道光帝派扬威将军长龄、山东巡抚武阿隆、陕甘总督杨遇春等人率兵前往镇压。为了做好后勤保障，朝廷筹集了1000万两银子作为军费开支。清军用了一年多时间，平定了叛军，收复了失地。在经济上，道光帝进行了一系列改革，包括修改盐法，允许所有人运销食盐，不过要纳税。改革后，盐商难以对盐业进行垄断，而国家增加了税收。此外，道光帝先后下令，将漕运改成海上运输漕粮，并允许百姓开采矿产。

博物馆小剧场　道光执政这些年

1 皇阿玛忽然在承德驾崩，大臣们辅佐我继位。政局动荡，首先要整顿吏治。我禁止通过捐款获得官位。已经在任的，经过考核不合格的，一律罢免！违法乱纪的，绝不放过！

2 新疆回部张格尔造反。据我所知，他的背后有英国人支持。那又怎样？我派扬威将军长龄等人率兵去清剿。所谓"兵马未动，粮草先行"，国家财政虽然困难，但我还是想办法筹集了1000万两银子做军费。这一仗，必须赢！

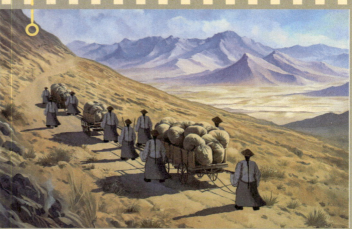

3 可恶的盐商！他们垄断盐业，弄得盐价居高不下，老百姓都快吃不起盐了。我决定进行票盐改革，无论是谁，只要交足了税，就可以运销食用盐。命令一发布，盐价就降了下来，朝廷也增加了税收，真是一举两得！

4 除了修改盐法，我还做过许多改革。比如，过去各地往北京运送粮食主要是通过京杭大运河，但是黄河经常出现水患，导致运粮的船受阻。于是，我下令改成海上运输粮食，这样就能保证粮食及时供应了。

　　道光帝即位后，开始反腐倡廉，严惩贪污，希望达到吏治清明的目的；为了提高人民生活水平，允许所有百姓卖盐、开矿，打破行业垄断；下令绕开被黄河水患破坏的运河，改河运为海运，使漕粮运输更加高效与安全。道光帝虽勤政，做事却过于谨慎，导致改革无法进行彻底。再加上他缺乏主见，封疆大事往往无所适从。道光帝时期，清朝颓势并没有得到挽救，继续走向下坡路。

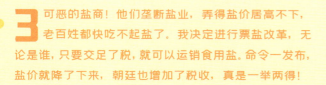
历史小百科

道光帝有多节俭？

　　据说，道光帝非常节俭，衣服破了，打上补丁继续穿。大臣们也纷纷效仿道光帝。有一天，道光帝见军机大臣曹振镛(yōng)的衣服也打着补丁，询问打补丁花了多少钱。曹振镛回答说："需 3 钱。"道光帝听完后说："还是宫外便宜，我在宫内打个补丁需要 5 两。"

道光帝掉牙

　　看过道光帝画像的人，可能会发现，道光帝特别瘦，两腮深陷。他之所以这么瘦，是因为满口的牙都掉光了。传说，在他当皇子的时候，有一次到太湖钓鱼。他钓上来一条样子奇怪的鱼，谁都不知道是什么鱼。道光帝吃完这条鱼之后，满口的牙都掉了。民间相传，这条鱼是太湖龙王的儿子。

第二十二节

林则徐禁烟运动

文物档案

名　称：清代鸦片烟具

特　点：分为烟灯、烟斗、烟枪与烟盒。其中，烟枪长60厘米，主要由烟嘴、烟杆、烟头、烟葫芦组成。

收　藏：中国国家博物馆

道光年间，英国鸦片走私进入中国，造成白银大量外流，导致财政危机。此外，鸦片危害人们的身体健康，大大削弱了清军的战斗力，同时，导致贪污腐败现象日渐严重。1838年，林则徐上书道光帝，请求朝廷禁烟。道光帝经过再三考虑，任命林则徐为钦差大臣，前往广州进行禁烟。林则徐还未到达广州，就下令逮捕了17名违反禁烟令者并调查卷入鸦片贩运的衙门官员。他到广州后，先是警告英国商人，三日内交出所有的走私鸦片。英国商人不为所动，于是，林则徐下令封锁外国商馆，严禁英国商人离开住处，并停止一切供给。英国商人被逼无奈，交出了所有鸦片。1839年6月3日，林则徐在广州的虎门，将所有没收的鸦片公开销毁。

博物馆小剧场　　林则徐日记〔上篇〕

1 对于鸦片，我一直深恶痛绝。不知有多少人，因为抽鸦片倾家荡产。鸦片对国家的危害更大，大量的白银外流，国家经济面临崩溃的危机。为此，我先后几次写奏折上书皇上，希望朝廷能下令禁烟。

2 皇上终于同意禁烟了，还任命我为钦差大臣，到广州进行禁烟。那些英国商人很狡诈，将走私的鸦片都藏在隐秘的地方，一时间我也很难找到。所以，我通知那些商人，3日内交出鸦片，不然就对他们不客气。

3 洋人向来嚣张，对我的警告，他们置若罔闻。限期过去了，谁都没交出鸦片。我当然要采取强有力的手段！我当即派兵封了洋人们的商馆，禁止他们离开。断了生活来源的他们，不得不把鸦片全都交出来。

4 鸦片全都收缴上来了，将近两万箱。皇上让我将鸦片就地销毁。于是，我派人在虎门搭建了一座台子，让广东各级官员全都到场，然后当众将所有鸦片全都销毁。望着那些垂头丧气的洋人，我的心里特别痛快。

　　林则徐是中国近代史上杰出的政治家与爱国主义者，他禁烟的初衷是为了维护国家利益和民族尊严。在禁烟运动中，林则徐逼迫英国鸦片商人交出所有鸦片，并将其全部销毁。这一举措，遏制了鸦片在国内的泛滥，减少了鸦片对百姓身心的伤害，也打击了英国的鸦片贸易。同时，禁烟运动还唤醒了人们的爱国意识，让更多人积极投入捍卫国家主权和民族尊严的斗争之中。

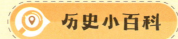

历史小百科

《虎门销烟》浮雕

　　在人民英雄纪念碑的浮雕中，有一幅是《虎门销烟》，主要表现林则徐虎门销烟这一历史事件。浮雕上，林则徐带领人们手拿各种工具，搬运装着鸦片的箱子，准备将鸦片销毁。从这个浮雕可以看出虎门销烟在中国历史上的重要性，而林则徐是当之无愧的英雄。

为什么在虎门销烟？

　　林则徐到广州禁烟，跟英国人斗智斗勇，终于逼他们交出全部鸦片，一共将近两万箱。林则徐请示道光帝，想把鸦片运送到京城再销毁。皇帝准了，然而浙江道的监察御史邓瀛却觉得不妥。他认为，广州到北京路途遥远，运输鸦片会浪费大量人力、物力，再说路上还不安全。道光帝觉得有道理，就让林则徐在虎门就地将鸦片销毁了。

第二十三节

蓄谋已久的鸦片战争

　　虎门销烟后，林则徐奉道光帝命令封闭港口，禁止一切对外贸易，同时将英国人驱逐出境。在这之前，英国便已经筹谋侵略中国，虎门销烟正好成为出兵的借口。1840 年 6 月，懿律被任命为英军总司令，统率远征军来中国兴师问罪，第一次鸦片战争正式爆发。清朝海军由于轻敌，节节败退。7 月，定海被英军攻陷。随后，英军沿定海北上，直逼天津大沽口。次年 1 月，英军突然攻占虎门的炮台，清军猝不及防，死伤 700 余人，战船沉毁 11 艘。面对英军的强大攻势，清朝政府不得不妥协。1842 年 8 月 29 日，在英军的战船上，清朝代表耆英与英国代表璞鼎查签订了《南京条约》，条约大致内容为：清朝同意割让香港岛，向英国政府赔款，开放广州、福州、厦门等五地为通商口岸。

博物馆小剧场 　林则徐日记（下篇）

1 鸦片被禁了，皇上下令封闭港口，禁止一切对外贸易，同时将洋人赶走。皇上的目的是不让类似鸦片的东西毒害中国人。我派人加强了虎门炮台防御。没想到英国很快就出兵了。

2 英国军队的司令叫懿律，听说是个英国贵族。英军信誓旦旦地要攻下广州，虎门的炮台很难抵挡他们。尽管广东水师提督关天培在虎门严防死守到生命的最后一刻，但仍然没有保住虎门。虎门被攻下，广州也失守了。

3 敌人的大炮不仅打开了中国的大门，也把皇上吓坏了。很多人觉得我是罪魁祸首，说要不是我要求禁烟，也不会惹恼英国人。皇上也迁怒于我，把我革职发配新疆。唉，朝廷如此软弱，真的太让人失望了。

4 战争结束了。听说皇上派耆英与英国人璞鼎查谈判，最后签订了《南京条约》。按照条约的规定，将香港割让给英国，朝廷还要赔偿英国许多银子，还得开放口岸，允许英国人贩卖鸦片。

第一次鸦片战争表面上是由禁烟运动所引发的，实际上它是英国预谋已久的侵略战争，以清朝的战败告终。清政府被迫与英国签订了丧权辱国的《南京条约》，割地赔款，给国家政治、经济带来了巨大损失。《南京条约》是中国近代史上第一个不平等条约。从此，中国开始进入半殖民地半封建社会。而伴随着清朝的衰落，中国社会将迎来新的变革和契机。

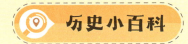
历史小百科

英国 68 磅加农炮

关天培守炮台的故事

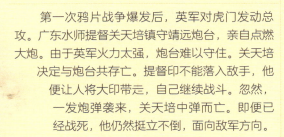

第一次鸦片战争爆发后，英军对虎门发动总攻。广东水师提督关天培镇守靖远炮台，亲自点燃大炮。由于英军火力太强，炮台难以守住。关天培决定与炮台共存亡。提督印不能落入敌手，他便让人将大印带走，自己继续战斗。忽然，一发炮弹袭来，关天培中弹而亡。即便已经战死，他仍然挺立不倒，面向敌军方向。

中英军队武器的差距

鸦片战争期间，前膛铁炮是清朝军队常用的一种武器。这种铁炮不仅外形笨拙，口径又小，炮弹也比较小——5000 斤的大炮炮弹才 12.5 斤，射程在数百米到数千米左右。相对来说，英军 1700 多斤的大炮，炮弹便已经达到 29 斤，射程能达到几千米，这就是中英军队武器的差距。

第二十四节

太平天国运动

文物档案

名　称：太平天国天王玉玺

特　点：天王洪秀全玺印，由青玉制成，玺文共44字，为宋体，上面刻有凤纹、龙纹、立水纹。

收　藏：中国国家博物馆

　　鸦片战争之后，清政府为了支付战争赔款，以及拯救空虚的国库，大肆增加百姓的赋税。各地百姓纷纷揭竿而起，其中以洪秀全领导的太平天国势力最大。洪秀全是广东花县（今广州花都）人，曾经四次参加科举考试，都名落孙山。后来，洪秀全创立了拜上帝会，借此向民众宣传推翻清朝统治的思想。1851年1月，洪秀全正式宣布起义，建立太平天国。9月，太平军攻下广西永安城，洪秀全在这里为太平军制定各项制度，分封诸王。洪秀全自称天王，杨秀清、萧朝贵、冯云山、韦昌辉、石达开等人均被封王。1853年3月，太平军进入南京城，洪秀全下令改南京为天京，定都于此，同时颁布《天朝田亩制度》。咸丰帝派曾国藩率领湘军去镇压。1864年6月，洪秀全服毒自尽，其子洪天贵福继位。清军趁机攻城，南京陷落。

博物馆小剧场　洪秀全的天王梦

1 我自幼熟读"四书""五经"，可惜在科举考试中接连落榜。无法走仕途，我就创立了拜上帝会，建立自己的势力。朝廷昏庸腐朽，我想利用拜上帝会起兵造反，推翻清朝，冯云山、杨秀清等人都支持我。

2 我的生日这天，来了许多信徒。我当场宣布起义，建立太平天国。在场的人全都支持我。我们起义之后，很多人来投效我，太平军的队伍越来越壮大。没用多久，我们就攻下了永安城，我自封天王。

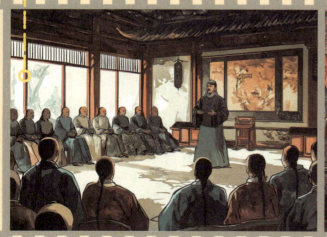

3 我们攻下南京后将它改名天京，作为国都。我颁发了《天朝田亩制度》，告诉将士们，从此平分土地，人人平等。他们听后很振奋，更加拥戴我。只是没多久，因为内部矛盾，石达开离开了。

4 石达开的离开，削弱了太平军的力量。这时，清朝派曾国藩来攻打天京。他这个人十分狠辣，是湖南人，因此他领的军队叫湘军。天京挺不住了，我不想成为俘虏，准备服毒自尽，唉，太平天国就这样完了！

　　清政府对外软弱无能，无力支付巨额赔款，就压榨百姓。在这样的黑暗统治之下，百姓只有反抗一条路可以走。太平天国虽然最终失败了，但对清朝腐朽的封建制度形成了猛烈冲击，鼓舞了农民阶级的革命斗志。但这场运动也引发了社会动荡，破坏了经济，导致大量农田被毁。总之，太平天国运动加速了清朝的衰落与灭亡，是中国近代史上一次重要的农民起义。

历史小百科

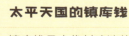

太平天国的镇库钱

　　镇库钱是古代封建迷信的一种产物，它是为了镇灾驱邪、祈求富贵铸造的一种钱币。太平天国时期的镇库钱，由黄铜铸造，正面刻着"太平天国"，背面刻着"圣宝"二字。这枚镇库钱是1953年人们在南京一个仓库中发现的，目前收藏在太平天国历史博物馆。

理想主义的《天朝田亩制度》

　　《天朝田亩制度》是一部纲领性文件，涉及的内容比较广泛，包括政治、军事、文化等方面。其中，土地是核心问题，提出平均分配土地，目标是建立一个"有田一起耕、有饭一起食、有衣一起穿、有钱一起花"的理想社会。事实上，太平天国从来没有正式实施过这个制度。

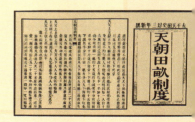

第二十五节

第二次鸦片战争

文物档案

名　称：清代藤牌

特　点：防御性武器，能抵挡敌人的矢石、兵刃，用藤编织，外形好似斗笠，手能伸进去抓住里面的横梁。

收　藏：海战博物馆

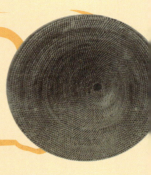

英、法等国为了进一步侵略中国，获得更大的利益，一直在寻找机会对中国动用武力。1856 年，广东水师在"亚罗号"船上捉拿了几个中国水手。英国人以清兵无权在英国船上抓人为借口，出动海军，攻占虎门炮台。法国也以传教士马赖被中国官吏处死一事为由，派出兵舰。1857 年 12 月，英法联军攻陷广州。随后，英法联军继续北上，攻陷了天津。咸丰帝派人到天津议和。英法两国因提出的条件没有得到满足，疯狂攻打北京。咸丰帝逃往热河。英法联军攻下北京后，在城内烧杀淫掠，火烧圆明园，抢走大量珍贵文物。清政府被迫妥协，1860 年 10 月 24 日，议和大臣奕䜣与英国代表在北京签订《北京条约》。英法两国对中国发动的这场战争，被视为第一次鸦片战争的延续，因此被称为第二次鸦片战争。

博物馆小剧场　　咸丰帝的苦恼

1 洋人实在欺人太甚，赔给他们那么多银子，还不知足，又制造出事端。我们不就是在英国的船上抓几个水手吗？他们就对我大清发兵。法国帮腔，竟也出动了海军。我要让他们看看我大清朝的厉害！

2 平日里那些将领自以为是，真打起仗来全都是酒囊饭袋。前线奏报，广州失守，两广总督叶名琛成了俘虏。洋人还不肯善罢甘休，又把天津给攻打下来，看样子，他们是奔北京来的。不行，我得派人去议和。

3 岂有此理，我派人去谈判，洋人竟然贪得无厌，要修改之前的条约。我怎么能答应如此屈辱的事情？没想到，洋人竟然要进兵北京。真不知道这洋人会做出什么事情来，我还是先去热河躲一躲，再想想对策吧！

4 丧心病狂的洋人啊！迫害我的臣民不说，还烧了圆明园！那里面可是有着无数的稀世珍宝啊！看来只有妥协一条路可以走了！什么条件都可以答应，只要不打仗！

　　在第二次鸦片战争结束后，中国被迫签订了一系列不平等条约，不仅赔偿了巨款，丧失了领土，主权也遭到严重破坏。各国在中国领土上获得驻兵特权，清政府被迫开放通商口岸。第二次鸦片战争的战败，让一些进步人士开始反思，倡导学习西方科技和文化。这些思想观念的转变，为后来的洋务运动、戊戌变法等历史上的重大变革奠定了基础。

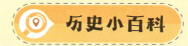

历史小百科

圆明园门上的铺首

　　铺首又称门铺，也就是门环的底座，通常都是用铜制成的。中国国家博物馆目前收藏着一个圆明园的铺首。英法联军放火烧了圆明园，这个铺首历经劫难保存下来。在那个特殊时代，它见证了英法侵略者在我国的滔天罪行。

"亚罗号"事件

　　"亚罗号"是一艘商船，船主是华裔商人。为了偷税，他办了一张英国船只执照，并在船上悬挂英国国旗。清朝水师得知船上有 12 名中国水手是海盗冒充的，并且船的执照已过期，于是派人将海盗抓走。这件事引起英国政府极大不满，认为清军无权在英国船上抓人，这是对英国主权的侵犯，要求立即放人。两广总督叶名琛拒绝放人。于是英国以此为借口，向中国出兵。这一事件便是第二次鸦片战争的导火索。

第二十六节

学习西方的洋务运动

　　第二次鸦片战争之后，清朝一些思想开明的官员总结战争失败的教训，提出要想富国强兵，就要学习西方文化及先进的技术。这些人被称为洋务派，其中包括李鸿章、曾国藩、左宗棠、恭亲王奕䜣等人。朝中对此持反对意见的大臣，被称作顽固派，比如大学士倭仁、宋晋等人。1861年，咸丰帝在热河病死。慈禧太后联合恭亲王奕䜣发动辛酉政变，年仅6岁的载淳登基，即同治帝。慈禧与慈安垂帘听政共同管理国家大事。在慈禧的支持下，洋务派大规模引进西方的先进科学技术。李鸿章等人主持创建了江南机器制造总局、金陵制造局等大型军事工业。此外，还创办了新式学校，选送优秀人才出国深造。1875年，光绪帝登基，他也支持洋务运动，命李鸿章创建北洋水师，这是中国第一支近代化海军舰队。

博物馆小剧场　李鸿章日记

1 从第一次鸦片战争，我就感觉到，清朝实在太落后了。落后就会挨打，这两次战败，证明我想的没错。恭亲王、左宗棠他们跟我的观点一样。我们上奏朝廷，希望能向西方学习，引进先进的技术，受到朝中一些老顽固反对。

2 就在我们两派争执不下的时候，慈禧太后上台了。她和慈安太后一起扶持皇上临朝，垂帘听政。恭亲王是慈禧太后身边的红人，在他的劝说下，慈禧太后也支持我们搞洋务运动。

3 我被任命为洋务大臣，首先在上海开办了外国语言文学馆。后来，我又主持创建了江南机器制造总局、金陵制造局等部门。为了满足人才需求，朝廷又派出一批批有才华、思想进步的人到国外留学。

4 为了加强国防，皇上让我建立一支现代化海军舰队。于是，我派人去国外购买军舰与枪炮，学习他们的作战方式，组建了北洋水师。眼下，我们拥有主力军舰 25 艘，官兵 4000 余人。

　　洋务运动通过引进西方科学技术和机器设备，推动了中国工业、农业、交通等领域的现代化进程。北洋水师的建立，提高了清军的战斗力。新式学堂的创办培养了一大批新式人才。然而，洋务运动也有消极的一面，官员利用职权谋取私利，导致国家资金大量损失。洋务运动虽然最终失败，没有让中国走上富强之路，但这场运动唤醒了许多人去寻找救国之路，为后来的现代化进程提供了经验和教训。

历史小百科

西式练兵

　　收藏在镇海口海防历史纪念馆的《招宝山炮台图册》共 3 部分，以精细入微的工笔画法，将清朝时期招宝山炮台、火炮以及士兵训练的情景如实表现出来。当时，正是洋务运动时期，很多事都向西方学习。图册第三部分是炮台兵勇操练图，画中士兵们听从指挥官的号令，模仿的就是西方军队的操练方式。

中国近代最早的官方军工厂

　　安庆内军械所是洋务运动时期，两江总督曾国藩在安庆建的一家兵工厂。刚开始时，这家兵工厂是为湘军提供武器装备的。厂内有上百名工人，还有一批当时很著名的科学技术专家。中国第一台蒸汽机、第一艘轮船，都出自安庆内军械所。

第二十七节

中日甲午战争

　　明治维新之后，日本逐渐强大起来，开始有了对外侵略扩张的野心。1894 年，朝鲜爆发起义，朝鲜政府向清政府请求支援。日本趁机派兵到朝鲜进行干涉。对于日本的蓄意挑衅，光绪帝、户部尚书翁同龢（hé）等人主张应战，慈禧太后、李鸿章则希望和解。日本强令朝鲜政府不再成为中国的附属国。遭到拒绝后，日军突袭朝鲜王宫，挟持朝鲜国王李熙，扶植亲日派李昰（shì）应摄政。清政府不得不宣战，派李鸿章出动北洋水师，结果被打得节节败退。1895 年 1 月，大山岩大将率领日军攻打中国威海的刘公岛，先后占领了南帮炮台、威海卫城与北帮炮台。2 月，日军对刘公岛发起总攻，北洋水师提督丁汝昌率众抵抗，最后自尽殉国。日军登陆刘公岛，清朝被迫与日本签订了《马关条约》。

博物馆小剧场　　光绪帝的心声

1 朝鲜一直是我大清的附属国，发生了内乱，他们的国王有求于我们，我们怎能坐视不理？我派兵去镇压，没想到，日本竟然也出兵干涉。一旦让日本控制了朝鲜，我大清也是它的囊中之物了。这个时候决不能退让！

2 可是，慈禧太后不想打仗。我知道，她是怕自己六十大寿的时候发生战争，不吉利。和慈禧太后站一条战线的李鸿章也不赞同武力解决。他是想保存北洋水师的实力。好吧，朝中只有翁同龢支持我。

3 就在我们争执不下的时候，日本人把朝鲜王李熙抓起来，扶持了一个傀儡上台。朝鲜就这样被日本拿下了，大清颜面何在？慈禧太后不得不同意开战。只是没想到，北洋水师竟然全军覆没，丁汝昌也战死了。

4 我们败了！战败的结果就是签订屈辱的妥协。我派李鸿章到日本的马关与日方代表签订协议。外国人都惦记我们的银子，每次都要赔大量的银子。我们大清朝早晚得被搬空。

　　甲午战争爆发时，日本通过明治维新已经走上资本主义道路，国力强盛。而清朝刚刚进行洋务运动，尚在摸索阶段。军事上，日军武器先进，具有完善的近代军事指挥体系。清军虽然也拥有西方的武器，但缺少西式训练，朝廷内部又矛盾重重。清朝在甲午战争中的战败，标志着洋务运动彻底失败。《马关条约》的签订，给中国带来深重的灾难与屈辱，也激发了更多爱国人士反抗侵略的决心。

历史小百科

丁汝昌之死

　　丁汝昌是北洋水师提督，在甲午战争中，他指挥北洋水师对抗日军。然而双方实力太悬殊，在保卫威海刘公岛时，北洋水师弹尽粮绝。日军前来劝降，丁汝昌断然拒绝，决定自尽殉国。他自尽前，担心手下借用自己名义向日军投降，于是废除了提督印。没想到，他的下属牛昶昞（chǎng bǐng）并没有照办，还是带着丁汝昌的提督印投降了。以至于有些世人误以为丁汝昌没有气节，做了汉奸。

水兵也有业余活动

　　这些年，大量甲午战争期间的文物陆续出土，除了船体、大炮，还有一些细小物件，从中可以反映当时水兵的生活。比如通过铜锅与鸽子的残骨，可以看出当时水兵们的伙食不错，经常吃乳鸽。从出土的麻将、象棋、九连环等娱乐用品，能看出水兵们的业余活动比较丰富。

第二十八节

力求强国的戊戌变法

1895 年 4 月，清政府被迫与日本签下《马关条约》。这一消息传出后，群情激愤。康有为、梁启超等 1300 名举人联名上书，请求变法救国，史称"公车上书"。由于顽固派从中阻挠，奏折最后没有送到光绪帝手中。1897 年，德国强占胶州湾。康有为再次上书光绪帝，陈明利害，指出再不维新变法，国之将亡。光绪帝接见康有为，同意变法，让康有为、梁启超、谭嗣同等人去执行。6 月 11 日，光绪帝颁布"明定国是"诏书，变法由此开始。变法内容主要是改革政府机构，裁减庸官，废除八股文，开办新式学堂，改革军队等。慈禧太后、直隶总督荣禄、御史杨崇伊等人极力反对变法，并软禁了光绪帝，谭嗣同等人被杀，康有为、梁启超逃亡日本。戊戌变法只维持了 103 天，因此又称百日维新。

博物馆小剧场　百日维新始末

1 甲午海战我们输了，不仅赔大量的白银，还要割让领土。我们不能再坐以待毙了！在康有为、梁启超的组织下，我们联名上书，恳请皇上改革，学习洋人的政治制度。

2 朝堂那些顽固守旧的家伙，眼里只有自己的乌纱帽，完全不考虑中国的未来！他们从中阻挠，使得我们的折子没有递到皇上那里。幸好，康有为大人一次次上书，终于受到皇上的召见。太好了，皇上答应了变法！

3 自古以来，变法都会受到阻扰。我们这次变法阻力更大，慈禧太后、荣禄、杨崇伊都是我们要面对的阻力。唉，可怜的皇上，不仅没有办法再支持我们，自己也被软禁了起来。变法就这样失败了吗？

4 我们还没来得及反应，慈禧太后已经派人把所有参与变法的人抓了起来。因为我身份卑微没被登记在册，侥幸逃脱。康有为与梁启超事先听到消息，逃到日本。最令人心痛的是，谭嗣同等人牺牲了。

　　戊戌变法是中国近代史上第一次资产阶级改良运动，虽然它因改革措施激进、守旧派强力阻挠、时间短无法深入改革等因素导致失败，但仍然具有重要意义与深远影响。维新派大力宣传西方的自由平等观念，促进了民主主义思想在中国的传播。"戊戌六君子"的英勇就义，唤醒了知识分子们强烈的爱国意识，让他们意识到简单的"改良"根本无法拯救中国，继续探索拯救中国的新道路。

🔍 历史小百科

"公车上书"的起点

　　清朝末年，河南人在北京建立了许多会馆，用于集会和社交活动，嵩云草堂是其中最大的一个会馆，地处达智桥胡同。后来，康有为、梁启超等人在嵩云草堂成立强学会，又称为强学书局。自此，常有维新派的名人志士在此讲演。1895 年，康有为等人筹备公车上书时，各省举子也是从嵩云草堂出发的，所以这里被称为公车上书的起点。

大刀王五劫狱

　　谭嗣同与大刀王五是好友，两人志同道合。百日维新失败后，谭嗣同被抓进监牢。王五约了几位武林人士偷偷潜入监牢，要将谭嗣同从狱中救出来。然而，谭嗣同却拒绝逃狱，宁愿以死唤醒国人。王五被谭嗣同的气概感动，挥泪离去。不久，谭嗣同慷慨赴死。被行刑之前，他在牢狱的墙壁上，留下"我自横刀向天笑，去留肝胆两昆仑"的千古名句。

第二十九节

扶清灭洋的义和团运动

文物档案

名　称：清代义和团牌

特　点：木质方形，长142厘米，宽43.7厘米，上面写着"扶清灭洋"的宗旨。

收　藏：中国人民革命军事博物馆

甲午战争中，中国战败，令西方列强更加肆无忌惮。德国以传教士被村民杀死为借口，出兵侵占山东。百姓无法忍受侵略者的欺压，经常与侵略者发生冲突。1898年，义和拳的赵三多等人在冠县起义，被清朝的军队镇压。义和拳原是一种民间团体，用来传播武术，旨在反清复明。1899年，毓贤出任山东巡抚，对义和拳采用招安的手段，将其变成了民团。从此义和拳成为义和团，口号由"反清复明"改成"扶清灭洋"。此后，毓贤又进谏慈禧，鼓吹义和团的拳民神功护体，刀枪不入，可以用来对抗洋人。慈禧信以为真，命直隶总督荣禄给义和团发放饷银，并邀请义和团的首领到天津开坛。义和团得到慈禧的肯定，团民们纷纷拥入天津、北京等地，四处杀洋人、烧教堂，破坏洋人的铁路。

博物馆小剧场

义和拳拳民回忆录

1 自从德国人占领了山东，我们就没好日子过了。清政府也不是个好东西，总是想尽办法压榨我们。所以，义和拳的赵三多造反，我毫不犹豫就加入了。只可惜，我们没打过官兵。

2 就在我们筹划怎么东山再起的时候，毓贤大人来山东当巡抚了。他为人仗义，非常同情我们，还上奏朝廷让我们变成民团，改名义和团，口号也变成"扶清灭洋"。对我来说，清廷虽然可恨，但我更恨洋人。

3 慈禧太后也恨洋人，在毓贤大人的劝说下，她对我们义和团开始重视起来，还让大师兄到天津开坛。听说，大师兄当众表演了刀枪不入的功夫。慈禧太后看完后非常满意，认为义和团有能力保护她。

4 得到慈禧太后的允许后，我们离开了山东，进京护驾。沿途，我们烧了许多教堂，见到洋人就杀。铁路、电线杆这些洋玩意儿，我们也不放过。真痛快！今后，我们义和团就是消灭洋人的主力军了。

　　甲午战争后，中国陷入被西方列国瓜分的境地，激化了百姓与侵略者的矛盾。义和团运动是中国人民反帝爱国精神的一种具体体现，义和团团员不畏强敌，英勇作战，打击了外国侵略者的嚣张气焰，也体现了中国人民反抗外来侵略的决心与勇气。但义和团运动也有消极的一面，他们盲目排外，对一切与西方有关的事物都敌视，这对经济和社会秩序产生了一定的破坏。

⊙ 历史小百科

梨园屯亮拳

　　1897年，山东省冠县梨园屯的天主教徒想将当地的玉皇庙拆了，修建一座教堂。官府同意了，并派人帮着拆庙。当地村民听到消息后，强烈反对。为了阻止拆庙，村民们将赵三多请来。赵三多是义和拳领袖，武艺高强。他带领上千名拳众，在梨园屯表演武功，亮拳3天，迫使清军不敢拆庙。这件事让清朝百姓更加痛恨洋人，成为义和团起义的导火索。

廊坊阻击战

　　眼看着数万义和团团民聚集北京，各国公使出于安全考虑，让联军自备卫队进京保护使馆。英国海军提督西摩尔率领2000多名士兵，从天津前往北京，途经廊坊时遭到义和团的突袭。由于铁路事先被义和团拆毁了，火车被迫停下来。清军将领董福祥率领军队前来增援义和团，联军抵挡不住，被迫退回天津。

第三十节

八国联军侵华

在慈禧的默许下，义和团疯狂地残杀洋人，这正好给西方列强进一步侵略中国提供了借口。1900 年 5 月，英、德、美、俄、日等 8 个国家组成联合特遣队，由德国的瓦德西任联军总司令，以镇压义和团为借口，迅速占领天津，随即攻打北京。清军与义和团并肩抗敌。8 月 14 日，北京沦陷，慈禧与光绪帝仓皇出逃。八国联军入京后，四处烧杀抢掠。慈禧太后在流亡途中，迁怒于义和团，下令彻底剿灭义和团。同时，她任命李鸿章为谈判代表，去请求议和。1901 年 9 月 7 日，李鸿章与和硕庆亲王奕劻（kuāng）代表清廷，与西方列国签订了《辛丑条约》。条约内容有：清政府赔 4 亿 5000 万两银子；东交民巷变成使馆区，禁止中国人居住；清政府要保证今后不再有民间反帝组织等。

博物馆小剧场　　慈禧的反洋日记

1 义和团闹事，我是知道的，只要他们真能镇住洋人，我就睁一只眼闭一只眼，任由他们折腾吧。但是没想到，8 个国家的军队竟然联合起来，要一起镇压义和团。一个民团而已，至于弄出这么大阵仗吗？

2 八国联军要对付的不只是义和团，还想攻打北京城。他们很快就占领了天津，转眼就到了北京城外。洋人的枪炮实在厉害，眼看着北京也保不住了，我还是先带着载湉逃出去躲躲吧！

3 我们从张家口到太原，又到西安，一路风餐露宿，遭了不少罪。说来说去，这一切都怪义和团！如果不是他们闹事，洋人也不会联合起来，更不会迁怒于我们。不管了，必须灭了义和团，才能平息洋人的怒气。

4 李鸿章和奕劻是好样的，不仅解决了义和团，还把洋人们哄住了。洋人同意从北京撤兵。不过，他们当然不会放过这次狮子大开口的机会！银子就要 4 亿 5000 万两。唉，只要能保住大清朝，怎么都行。

　　八国联军以打击义和团为借口，攻下北京，伤及无辜百姓，盗取皇宫文物，逼迫清政府签订《辛丑条约》，让中国割地赔款，允许列国在中国境内设立租界，划分势力范围。这一系列行为，给中国带来巨大的伤害与屈辱。而当时的掌权者慈禧，先是利用义和团来对抗洋人，制造出混乱局面，在北京失陷后，又对西方列国无底线退让，这些足以让她成为历史罪人。

 历史小百科

大英博物馆

失而复得的赤道经纬仪

　　赤道经纬仪是康熙年间制造的，由比利时传教士南怀仁亲自负责监制。它主要用来做天文观测。1901 年，八国联军洗劫北京，古观象台上的仪器也没有幸免于难。赤道经纬仪被法国侵略者抢走，运到了法国驻华大使馆。后来，法国迫于舆论压力，在 1902 年将赤道经纬仪送了回来，安装回原处。

《女史箴图》只卖 25 英镑

　　据传，八国联军冲进皇宫时，一个叫约翰逊的英国上尉抢走了《女史箴图》。实际上，约翰逊对文物一窍不通，当时，他只是相中了《女史箴图》的装饰，觉得应该珍贵，顺便将画也拿走了。约翰逊回国后，因为不懂得这幅画的珍贵性，竟然以 25 英镑的价格将这幅画卖给了大英博物馆。

第三十一节

日俄战争

文物档案

名　称：日军"旅顺纪念"银碟

特　点：日本政府为宣扬日俄战争武功而制作的纪念品。碟周缘有小篆体"旅顺纪念"四字。

收　藏：沈阳"九·一八"历史博物馆

　　1900年，俄国派兵占领东三省，并与清政府签订协约，要在中国东北修建一条中东铁路。俄国的用意很明显，想借助这条铁路控制中国。日本一直觊觎中国东北，于是出面干涉，想争取东北的控制权，结果谈判失败。1904年2月8日，日本联合舰队司令东乡平八郎指挥日本军舰，在未宣战的情况下，突袭驻扎在旅顺口的俄国舰队。日俄战争爆发。同年2月12日，清政府宣布中立。对于这场战争，日本准备充足，部署周全。俄国猝不及防，节节败退，大连、旅顺、奉天先后失守。在美国的调停下，日俄两国代表进行和谈，签订了对日方有利的《朴茨茅斯和约》。在这场长达一年多的战争中，东北百姓饱受战火蹂躏，许多人无家可归，沦为难民。

博物馆小剧场　一条铁路引发的战争

1 我是黑龙江将军寿山麾下的一个文官。俄国人要在东北修建铁路，我们腐败的朝廷一句话不敢说，却没想到半路杀出一个程咬金，日本人不干了！唉，他们这是将东北当成餐桌上的肥肉了。

2 日本和俄国进行谈判，没谈成，在旅顺打了起来。战事一开始，朝廷就宣布中立，并表示，日本、俄国都是友邦，不好帮谁。朝廷真是掩耳盗铃，明明知道日俄都没安好心，还称他们为友邦。

3 战事越来越激烈，日本有备而来，武器精良，一连打了好几场胜仗。听说，大连和旅顺被攻下来后，日军又进攻奉天。这是关键一战，俄方估计想着打一场翻身仗，全力以赴，结果还是败给了日本。

4 俄国妥协了，请美国在中间调和，与日本签订了《朴茨茅斯和约》。说起来讽刺，名义上是俄国输了，可打仗的地盘是中国的，死伤最多的也是中国人。

　　日俄战争的结果，改变了参战国家的命运，对国际格局也产生了深远的影响。日本的胜利，标志着亚洲国家首次打败欧洲强国，从而打破西方列强对亚洲的长期垄断局面，日本自此跻身世界列强之列。这场战争在中国领土上爆发，东北大地饱受战祸之苦，这也激发了广大爱国人士的斗志，增强了他们推翻清朝政府的决心。

历史小百科

《朴茨茅斯和约》签约照片

《朴茨茅斯和约》

　　《朴茨茅斯和约》的大致内容是：俄国不再干涉日本在朝鲜的特权。也就是说，从此之后，朝鲜半岛将是日本的蛋糕了。对于中国东北，俄国也将一部分特权转让给日本，允许日本分一杯羹。另外，俄国还把库页岛的南部割让给日本。

见证日俄战争的两杆炮

　　望台炮台坐落在旅顺口的一座小山上，由于炮台上有两座大炮，被当地人称作"两杆炮"。大炮由俄国兵工厂铸造，射程能达到 10 千米，在当时已经属于最先进的远程大炮。望台炮台在日俄战争时，是俄军极为重要的军事重地。

第三十二节

辛亥革命的爆发

文物档案

名　称：清代寿山石"宣统御览之宝"

特　点：寿山石的材质，上面刻着"宣统御览之宝"几个字。是溥仪用于御览的书画上的玺印。

收　藏：北京故宫博物院

　　1905 年，孙中山与宋教仁、黄兴等人经过多次密谈，建立了同盟会，计划推翻清政府。1908 年，光绪帝驾崩，3 岁的溥仪继位，由他的父亲载沣摄政。1911 年夏天，湘、鄂、粤、川等省先后爆发保路运动。9 月 25 日，荣县独立，成为第一个脱离清王朝的政权，把保路运动推向高潮。10 月 10 日晚，革命党人熊秉坤打响武昌起义的第一枪，随即革命党人攻占汉阳和汉口，并成立湖北军政府，黎元洪被推举为都督，改国号为"中华民国"。湖南、广东等 15 个省纷纷脱离清政府，宣布独立。1912 年元旦，孙中山就职中华民国临时大总统。1912 年 2 月 12 日，清帝发布退位诏书。这场推翻清朝封建统治的革命，因为发生在辛亥年，故称为辛亥革命。

博物馆小剧场　　末代皇帝的心声

1 我 3 岁登基，是被太监抱上龙椅的。阿玛被封为摄政王，他告诉我，不用怕，朝里事务由他来处理。我当然不喜欢处理那些事，它们哪有斗蟋蟀好玩？

2 我实在太小，并不知道为什么时局如此动荡，只知道大清王朝就要覆灭了。听宫里的人说，许多人暗地里密谋，要推翻清朝。其中有个叫孙中山的人，组织了一个同盟会，对我们威胁最大。

3 我 6 岁那年，革命党在湖北发起武昌起义。没多久，武昌就被攻了下来。接着，有好些省积极响应，宣布独立，不再归朝廷管了。革命党成立了一个临时的政府，孙中山是临时大总统。

4 清朝算是完了。这时候，除了革命党，袁世凯也反了。他手握重兵，逼我退位。刚开始，我还能住在宫里。后来，一个叫鹿钟麟的人带着军队冲进皇宫，把我赶出紫禁城。这个天下，真乱！

　　孙中山领导的辛亥革命，推翻了昏庸无能的清政府，标志着中国结束了长达 2000 多年的封建统治，开启了一个崭新时代。这场革命粉碎了封建皇权的统治，打击了帝国主义的侵略势头，推动了亚洲各国民族解放运动的高涨。它还使国人的思想习惯与社会风俗发生了颠覆性的改变，使大众冲破陈旧思想的樊笼，提高了民主觉悟与爱国意识。辛亥革命为中国的政治变革与社会进步奠定了坚实的基础。

历史小百科

溥仪的蝈蝈罐

　　据说，溥仪晚年时曾重游故宫。走到龙椅跟前的时候，他忽然停下脚步，在椅子下面摸索着，随后摸出来一个陶瓷罐。原来，这是溥仪小时候的蟋蟀罐。当时，溥仪只有几岁，坐不住板凳，宫女们为了哄他，就抓来蝈蝈，放进这个罐子里。

末代皇帝的怀表

　　1955 年，溥仪决定将自己从宫里带出来的一批文物献给国家。这批文物极其珍贵，溥仪藏了多年，其中有一块怀表尤为精致。这是一块洋金壳嵌珠珐琅怀表，法国制造，金壳、金链，上面镶着钻石。除了怀表，溥仪献给国家的还有戒指、手镯等珍贵文物。